经济学论丛

美国对华贸易政策的决策机制和形成因素

——基于贸易政策政治经济学的理论和经验研究

U.S. TRADE POLICY TOWARDS CHINA:
POLICY MAKING AND ITS DETERMINANTS

王孝松 ◎ 著

北京大学出版社
PEKING UNIVERSITY PRESS

图书在版编目(CIP)数据

美国对华贸易政策的决策机制和形成因素/王孝松著.—北京:北京大学出版社,2012.1
(经济学论丛)
ISBN 978-7-301-19870-4

Ⅰ.①美… Ⅱ.①王… Ⅲ.①对华政策:贸易政策-研究-美国 Ⅳ.①F757.128.2

中国版本图书馆 CIP 数据核字(2011)第 252917 号

书　　　　名:	美国对华贸易政策的决策机制和形成因素
	——基于贸易政策政治经济学的理论和经验研究
著作责任者:	王孝松 著
责 任 编 辑:	马 霄
标 准 书 号:	ISBN 978-7-301-19870-4/F·2984
出 版 发 行:	北京大学出版社
地　　　　址:	北京市海淀区成府路 205 号　100871
网　　　　址:	http://www.pup.cn
电　　　　话:	邮购部 62752015　发行部 62750672　编辑部 62752926
	出版部 62754962
电 子 邮 箱:	em@pup.cn
印　刷　者:	三河市北燕印装有限公司
经　销　者:	新华书店
	730 毫米×1020 毫米　16 开本　13 印张　205 千字
	2012 年 1 月第 1 版　2012 年 1 月第 1 次印刷
印　　　　数:	0001—3000 册
定　　　　价:	34.00 元

未经许可,不得以任何方式复制或抄袭本书之部分或全部内容。
版权所有,侵权必究
举报电话:010-62752024　电子邮箱:fd@pup.pku.edu.cn

序 一

王孝松博士的著作《美国对华贸易政策的决策机制和形成因素——基于贸易政策政治经济学的理论和经验研究》是一部论述美国对华贸易政策决策和形成机制的力作,是一部以新政治经济学为基础分析难点问题、具有重要理论价值和重大现实意义的大作。

在当今世界经济中,中美经贸关系无疑是最重要的焦点问题之一。自20世纪80年代以来,在经济全球化的背景下,中美两国在实体经济的某些领域一定程度上形成了"中国生产、美国消费"的经贸关系。这可以从双边贸易往来中得到证实:近年来,中国向美国出口的货物大约占中国总出口的五分之一,而美国向中国的出口只占美国出口额的5%左右。这种格局的形成,从中国来说,是由于改革开放以来采取了出口导向型战略,大量引进外资,贸易上大进大出,"中国制造"提供了充足的供给。从美国来说,是由于低端产品生产转移到国外,产业空心化形成了大量需求;同时,美国凭借其美元作为国际储备货币的地位,不负责任地滥发货币,大搞债务经济,从而提供了美国人大量需求的支付能力。另外,跨国公司的全球生产销售网络也助推了上述格局的形成。在这一格局中买方成为支配力量,因为除中国之外,还有其他的商品供给者,特别是新兴工业国。因此,中国处于不利地位,这种状况自2008年全球经济危机以来逐渐凸显,特别是近期,美国不断抛出人民汇率法案,不断挑起贸易争端,甚至大搞贸易保护主义。在这种背景下,中国应如何应对?知己知彼,百战不殆,只有了解美国对华贸易政策,我国才能采取适当的对策。目前也有不少关于中国对策的研究,但总的来看比较泛泛。而王孝松博士的这本著作则是从美国对华贸易政策背后的决策机制视角为我们提供了一个具体的背景,从而可使我国的对策选择具有针对性。

本书的学术贡献毋庸置疑。作者敏锐地把握了美国对华贸易政策制定过程

美国对华贸易政策的决策机制和形成因素

中最具代表性的事件,在强大的理论支撑下进行定量分析,真正做到了理论和实证的统一、定性和定量的统一、学术研究和指导现实的统一,对于把握美国对华贸易政策的内生过程具有重大的贡献,对解决和应对日益突出的美国对华贸易壁垒具有重要的指导意义。

王孝松博士的这一力作是在其博士论文的基础上,经过反复修改出版的。我在2010年6月参加了王孝松博士的毕业论文答辩,当时认真阅读了全文并意识到这是一篇极为优秀的博士论文,不仅反映了作者非常扎实的理论功底,同时也说明了作者的积淀十分宽厚。一篇优秀的经济学博士学位论文,不仅需要在选题、结构、层次上下工夫,而且需要运用先进的技术进行研究,本文在这些方面都无懈可击。难能可贵的是,作者对研究过程中的细节问题处理得十分到位,从理论模型中参数的设定,到实证分析中指标的构建和数据的处理,再到政策含义的提出,甚至连一个说明事实的脚注都能明显地体现出作者的匠心。因此,答辩委员会一致认为这是一篇优秀的博士论文。使我印象深刻的还有他在学习期间发表的前期成果极为突出,不仅数量多,而且不乏在国内权威刊物上发表。

王孝松博士能够取得如此之好的学术成果,当然首先来自于他自身的努力,同时也归功于他的导师李坤望教授的精心指导。另外,需要指出的是,南开大学世界经济、国际贸易学科的教师团队和整体学习氛围也是成就王孝松博士的相当重要的因素。

王孝松博士是一位刚刚崭露头角的青年学者,要想达到学术殿堂的高端还有非常艰苦而漫长的路要走。我衷心希望王孝松博士戒骄戒躁,继续保持踏实的学风和严谨的治学精神,取得更多成果,为中国经济学发展建功立业。

薛敬孝

2011年11月于南开园

序　二

王孝松博士的著作《美国对华贸易政策的决策机制和形成因素——基于贸易政策政治经济学的理论和经验研究》，是在其博士学位论文的基础上，经过反复修改得以成书的。这本专著以新政治经济学为基础，从理论和经验两个方面剖析了美国对华贸易政策的决策和形成机制。在理论上，作者构建了一个综合考虑政治捐款、选举支持和权力委派的贸易政策内生模型，刻画了执政者同各类选民互动、最终决定贸易政策的机制与过程；在经验分析方面，作者以美国众议院对重要贸易议案投票，以及美国对华反倾销裁定等典型事例为样本，对美国对华贸易政策的决策和形成因素进行了精准、细致的定量分析。我认为，本书的出版是我国学者在贸易政策政治经济学研究领域内取得的一个重要进展，也对解决中美贸易中存在的一系列关键问题具有重要的指导意义。

孝松在攻读博士期间，参加了本人主持的一项国家社科基金项目，当时我给孝松指定的题目是"美国对华贸易政策的政治经济分析"。他围绕这个选题进行了艰苦卓绝的研究工作，阅读了该领域几乎全部的经典文献，并对美国贸易政策制定的现实背景进行了深入的挖掘。由于作者对现实问题进行了深入思考和全面把握，本书的最大特点在于理论与现实相结合，无论是理论模型，还是运用数据进行的实证分析，都是对现实状况的高度凝练与概括，都是用规范的经济学语言对现实问题进行的思考与探索，从而避免了经济学研究与现实严重脱节的问题。也正因如此，本书的理论分析纳入了美国贸易政策制定过程中极为重要的现实因素，将贸易政策内生理论中的经典模型向前推进一步；经验分析则角度新颖、证据翔实，从较深层次揭示了美国对华贸易政策的影响因素。

本书的第二大特点是计量分析十分精彩，且具有极强的说服力。对美国贸易政策进行政治经济学分析是一个难度较大的选题，因此国内以往的研究主要集中在描述性和统计性层面，鲜有严谨规范且具有针对性的定量研究。另外，美

美国对华贸易政策的决策机制和形成因素

国对华贸易政策内容广泛、体系复杂、头绪众多,在纷繁复杂且瞬息万变的政策中选取典型事例作为切入点,成为实证分析能够成功的关键。本书首先选取了2000年美国众议院投票表决对华永久最惠国待遇(PNTR)议案这一重要事件,定量考察了影响议员投票结果的各种政治经济因素,特别是搜集整理了四百余位众议员从不同利益集团获取政治捐款的数额,以此来衡量利益集团在投票过程中发挥的政治压力。尽管这种方法在 Baldwin 和 Magee(2000)等文献中已经使用,但其操作难度很大,即便是简单的复制和模仿都十分困难,作者不仅完成了高难度的数据处理和计量检验工作,而且创造性地将经典文献中的方法运用到对华贸易议案的分析中,这不仅仅是作者高超计量技术的体现,更是作者敏锐的洞察力与经济学灵感的展现。对华反倾销是美国对华设置的最重要的贸易壁垒,在中美经贸关系发展过程中具有重大意义,作者随后便考察了影响美国对华反倾销裁定结果的种种因素,在案件层面上对政策决策机制进行探讨。同样,每一起案件申诉者的政治捐款数据无法直接获得,需要耐心的搜集和细致的处理,一个申诉者的捐款数据往往就要查阅多处资料,这种耗时耗力的工作需要踏实的学风和严谨的治学精神。在高质量数据的支撑下,计量分析具有很强的针对性,能直接考察利益集团的政治势力对反倾销裁定结果的影响,这就突破了以往文献考察反倾销税率时未能直接纳入政治因素的缺陷,这样的经验分析不仅在国内属于首创,即便在国际主流经济学界也十分难得。作者踏实严谨的学风值得肯定,分析问题所选取的角度更值得肯定,这就再一次证明,没有对现实世界的深刻把握,如此深入、精准、针对性强的计量分析是无法实现的。

本书的另一特点是理论研究与实证研究相结合,建立的理论模型可以统领全书的实证分析。美国政府在其贸易政策的制定上通常有两种不同的方式:国会通过投票直接制定贸易政策;国会采取权力委派的方式让行政机构裁定相关贸易政策措施。如果能用一个完整的理论框架将二者统一起来,本书的分析框架和逻辑结构将更为完美。作者在 Grossman 和 Helpman(1994)经典模型的基础上纳入了竞选支持和权力委派的因素,建立了与现实更为贴近的描述代议制民主国家贸易政策内生过程的理论模型,作为后面两章实证分析的理论基础,从

序 二

而形成了针对美国对华贸易政策的一套完整分析体系,也使得全书一气呵成、结构严密而完美。

最后,但也许是最重要的,本书对中美经贸关系发展具有重大的启示和指导意义。美国对华贸易政策本身便是一个具有丰富现实意义的选题,作者在深刻把握现实背景的基础上进行了深入的理论和实证研究,揭示出美国对华贸易政策形成过程中的重要影响因素,具有极强的应用价值。无论是从理论上阐明直接立法和权力委派下贸易政策结果的差异,或是定量揭示出金钱在美国贸易立法中的关键性作用,还是从利益集团的微观视角考察反倾销裁定影响因素,都能增加我们对美国贸易政策制定机制的理解和认识,对于政府和企业应对来自美国的贸易摩擦、更好地开展中美贸易和发展双边关系具有深刻的洞察和启示。也正因如此,本书展现了通过经济学研究来解决经济发展中重大问题的取向,从而体现了经济学研究在于"经世济国"的精髓。

本书是国际贸易研究领域的一部力作,学术水准很高。但仍有一些问题在研究上需要继续加以完善。这里提出一些问题,供作者未来进行更为深入的研究和思考。

第一,正如书中所言,贸易政策的政治经济学方兴未艾,美国对华贸易政策又纷繁复杂,本书是针对美国对华贸易政策内生过程的初步探索,还有很多值得进一步挖掘的理论问题。代议制民主政体下,贸易政策的决策机制在表面上反映了利益集团同立法者之间的交换关系,这一点在本书中展现无遗。但更深层次地,这种交换关系的基础是什么?所有的贸易立法或贸易政策制定都是交换关系的体现吗?利益集团的政治捐款是否可以看做"立法补贴"而非"购买政策的手段"?对这些问题的回答超越了本书的范围,但的确是日后值得深入思考的。沿着本书经验分析的思路,还可以从微观视角对贸易政策内生过程的研究进行扩展,例如对行政机构的决策机制直接进行分析,而非透过权力委派的视角;考察影响利益集团形成及活动能力的种种因素;将捐款数据更加细分,使其直接反映对贸易政策的影响;等等。

第二,实证分析结果表明的政策含义可以进一步加强,应对措施可以进一步

◆ **美国对华贸易政策的决策机制和形成因素**

细化。由于是学者进行理论研究，本书作者进行实地调研的机会较少。如果能与美国的国会议员、政府官员、厂商及劳工组织进行深入交流，可以获取更为丰富的第一手资料，也可以使理论和实证研究更能反映现实。经济学研究依靠众多的前提假设而进行，本书亦不例外，但理论上合理的前提假设在现实中不一定成立，只有同相关人员座谈交流、了解其行为动机，才能使模型假设更为合理，研究更具现实指导意义。另一方面，如果能同中国政府相关部门、中国出口商进行沟通，了解其在现实中遇到的具体问题，可以拓宽本书应对策略的思路，提出的政策建议也更具可操作性。

第三，研究范围的扩展，特别是对中国问题的分析。在和孝松的探讨中，我向他指出日后可以在贸易政策政治经济学框架下，进行更为广泛的研究，例如对欧盟、印度等中国重要贸易伙伴政策的研究，这对指导中国对外贸易发展同样具有十分重要的意义。更重要的，作为中国学者，在西方经济学理论的基础上，融入对中国特殊性的思考，对中国贸易政策的内生决策机制进行研究，也具有必要性和迫切性。尽管政治制度、决策过程存在较大差别，但通过合理的改进和清晰的建模思路，可以对中国对外贸易政策的形成因素进行有益探讨，形成独特的研究风格。令我欣喜的是，作者考察中国出口退税决策机制的文章已在国内权威刊物上发表，标志着他已经在探索中国贸易政策问题上迈出了坚实的一步。

经过辛勤的努力，孝松的博士论文即将出版，作为孝松攻读硕士和博士期间的指导老师，应邀作序，欣然命笔，希望作者日后不断努力，在科研道路上百尺竿头，更进一步。

李坤望
2011 年 11 月 20 日

序 三

本书是贸易政策政治经济学领域的一部佳作。

将国际贸易理论同新政治经济学结合起来，探究国际贸易政策的制定和决策机制，是20世纪80年代以来迅速兴起的经济学重要分支。学者们通过构建贸易政策内生化的理论模型，或进行截面及时间序列的计量分析，考察贸易政策这一重要的公共政策在制定过程中受到哪些因素影响和制约，探索政治因素和经济因素互动下贸易政策的生成机制。西方学者在这一领域已有较多较深入的研究成果，对我们认识经济政策的形成与变化具有十分重要的启示。但国内在该领域的研究则相对滞后，早期是由于方法的限制，后来是由于数据的缺乏，目前则是由于对问题的把握欠佳，这些问题共同造成了国内鲜有优秀的研究成果问世。

本书则具有了突破性进展，在方法、数据和对问题的把握上做到了完美的统一。

从方法来看，本书运用了较为先进的计量技术和建模手段。联立方程估计方法不仅克服了实证分析中常常困扰学者们的内生性问题，而且克服了为解决内生性而衍生的"弱工具变量"问题，从而保证了计量结果的可靠性与说服力。在理论研究中，作者对传统的"菜单拍卖"框架进行了扩展，建立了综合考察竞选支持和权力委派的模型，将此前的经典模型向前推进了一步。

相比较而言，国际贸易研究并非是应用计量方法最深最难的经济学分支，因而使用恰当的计量技术仅仅是完成佳作的初步保障。在数据的选取与处理方面，本书则更具特色。无论是贸易议案的投票表决，还是反倾销措施的行政审议，都需要获得利益集团政治捐献等重要的数据，本书在这方面具有显著优势，作者搜集、处理的数据可以直接反映利益集团的政治势力，从而准确地刻画政治因素和经济因素相互作用下美国对华贸易政策的形成过程。

拥有了精准的数据和恰当的方法，也仅是成功的经济学研究的必要而非充

美国对华贸易政策的决策机制和形成因素

分条件。目前来看,科学严谨(但未必优秀)的研究均能在数据和方法上合乎规范,但由于对问题的把握欠佳,而导致理论研究不能说明实际问题,或导致文章的创新性不足。本书的理论和实证研究均建立在对现实中美国贸易政策形成机理深刻把握的基础之上,模型的推导、变量的选取和计量检验的实施都有理有据、丝丝入扣,反映出作者敏锐的洞察力和宽阔的视野,从本质上讲就是体现出作者对问题的把握十分到位。这或许是本书能被称为佳作的最主要原因。

经济学并非真正意义上的科学,再优秀的经济学研究也可能会存在这样或那样的问题。就本书而言,我提出自己的一些观点,希望能为作者日后的研究提供参考。

理论模型中纳入了更能反映现实状况的变量,但变量的增多会影响结论的简洁性。由于模型中探讨的维度较多,某一因素对均衡贸易政策的影响有赖于其他因素的取值范围,这固然没有问题,但会给读者的理解增加障碍,建议作者采用数值模拟的方法,将各因素对均衡解的影响机制用图形直观地表述出来。

实证分析反倾销裁定影响因素的过程中,"歧视性"表现得并不充分。仅通过"案件专对中国"这一指标,无法全面揭示出美国对华反倾销具有高度的歧视性,但在这一章的论述中,作者似乎重点强调了歧视性问题,希望作者能在更广阔的范围内进行比较研究,从而真正识别出美国对华反倾销的歧视性。另外,众多经济变量均未显著影响反倾销裁定结果,似乎与现实不符,因为反倾销裁定的过程中,相关机构主要考察行业的经济发展状况,销售额、利润率等指标是重点考察的对象。即使作者能保证计量结果的合理性,也应对照现实,进一步对这样的结果进行解释。

本书的作者是极具发展潜力的青年学者,希望他在本书的基础之上,对贸易政策的内生决定问题进行更为深入细致的研究,不仅在理论上取得更大的进展,而且为指导中国各界应对贸易摩擦与争端提供切实的帮助,成为学术界中理论指导现实的典范。

刘元春
2011 年 11 月于人大明德主楼

目 录

第一章	导论	/1
第一节	问题的提出	/1
第二节	研究方法和定位	/6
第三节	研究思路和结构安排	/9
第四节	研究特点	/12

第二章	文献评述	/15
第一节	理论基础：贸易政策的收入分配效应	/16
第二节	实证的贸易政策政治经济学	/17
第三节	规范的贸易政策政治经济学	/22
第四节	"保护待售"模型的扩展及经验分析	/24
第五节	美国对华贸易政策的政治经济学分析	/29
第六节	总结评述	/32

第三章	美国对华贸易政策的历史演变和形成因素	/35
第一节	美国对华贸易政策：第一阶段	/35
第二节	美国对华贸易政策：第二阶段	/39
第三节	美国对华贸易政策：第三阶段	/51
第四节	本章结论	/65

1

美国对华贸易政策的决策机制和形成因素

第四章　直接立法和权力委派下的美国对华贸易政策
　　——一个包含政治捐资和选举支持的内生保护模型　　/67
　　第一节　研究背景和思路　　/67
　　第二节　基本模型　　/71
　　第三节　直接立法下的均衡贸易政策　　/76
　　第四节　竞选支持对贸易政策的影响　　/79
　　第五节　权力委派下的均衡贸易政策　　/84
　　第六节　结论性评述　　/86

第五章　直接立法下美国对华贸易政策的形成机制
　　——以 PNTR 议案投票为例的经验分析　　/89
　　第一节　背景介绍和相关文献回顾　　/90
　　第二节　理论框架　　/94
　　第三节　经验分析方法与数据　　/97
　　第四节　经验分析结果　　/103
　　第五节　本章结论　　/112

第六章　权力委派下美国对华贸易政策的形成机制
　　——以反倾销裁定为例的经验分析　　/114
　　第一节　研究背景　　/114
　　第二节　关于美国反倾销决策的研究评述　　/116
　　第三节　影响美国对华反倾销决策的主要因素　　/121
　　第四节　经验分析方法与数据　　/127
　　第五节　经验分析结果　　/135
　　第六节　结论性评述　　/145

| 第七章 | 结论与展望 | /147 |

第一节　结论及政策含义　　　　　　　　　　/147
第二节　中美贸易发展前景展望　　　　　　　/151
第三节　未来研究方向　　　　　　　　　　　/156

参考文献　　　　　　　　　　　　　　　　　/158

附　录　　　　　　　　　　　　　　　　　　/169

后　记　　　　　　　　　　　　　　　　　　/195

第一章 导 论

第一节 问题的提出

一、现实背景

美国是世界上经济实力最强大的国家,同时也是中国最重要的贸易伙伴之一,因此美国对华贸易政策与中美经贸交往息息相关,对中国的经济发展影响重大。随着中美经贸往来的日益深入,两国都从对外贸易中大获收益,但与此同时,双边贸易摩擦与争端也层出不穷,特别是美国政府时常对中国商品设置严酷的贸易壁垒,美国各界时常在一些贸易议题上逼迫中国让步,使中美经贸交往蒙上了一层阴影。

根据美国国际贸易委员会(ITC)公布的统计数字,从1980年至2009年,美国共发起反倾销调查1 210起,其中针对中国的案件为157起,约占全部案件的13%,而不同阶段的反倾销状况又存在较大差异。1980年至1990年这11年间,美国反倾销总数为507件,其中对华案件数仅有28件;但接下来的11年中,美国反倾销总数和对华案件数分别为514和61件,对华案件比例提升至11.8%;中国加入WTO之后至2009年,美国共发起189次反倾销调查,涉华案件高达68件,占总数的36%。

分年度对美国对华反倾销的特征进行分析,可以为我们提供更为详尽的信息(表1.1)。2002年至2004年,美国对华反倾销案件数量占其当年全部案件数的1/4左右,而2005年之后,对华反倾销案件数占各年全部案件数的比重均超过了30%,特别是2008年和2009年,美国对华反倾销申诉数量占全部案件比重已超过60%。

表1.1 美国对华反倾销案件各年度统计指标(2002年至2009年)

年份	案件数 (占全部案件比例)	专对中国数目 (比例)	ITC确认损害数目 (比例)	平均税率
2002	9(25.7%)	7(77.8%)	7(77.8%)	108.0%
2003	10(25.0%)	4(40.0%)	7(70.0%)	178.6%
2004	6(22.2%)	2(33.3%)	4(66.7%)	201.7%
2005	4(30.8%)	1(25.0%)	2(50%)	261.2%
2006	4(50.0%)	3(75.0%)	2(50%)	136.2%
2007	12(42.9%)	5(41.7%)	12(100%)	155.3%
2008	11(61.1%)	6(54.5%)	10(90.9%)	148.9%
2009	12(60.0%)	7(58.3%)	10(83.3%)	148.9%
总计	68(36.0%)	35(51.5%)	54(79.4%)	165.1%

资料来源:原始数据来源于Brandeis大学C. Bown教授建立的全球反倾销数据库5.0版本(网址为http://www.brandeis.edu/~cbown/global_ad/),和美国ITC发布的《进口损害案件统计(1980—2007财年)》。作者根据相关数据整理计算而得。

美国申诉者往往倾向于专门对中国商品发起反倾销诉讼,表现出强烈的歧视性。ITC在各年度确认损害的比例普遍很高,特别是2007年,针对中国的全部12起案件都被ITC确认为构成损害,而且被ITA裁定的税率平均达到155%。2008年和2009年的确认比例也分别为91%和83%,反倾销税率均在150%左右。这就明显表现出中国入世以来,美国对华发起反倾销措施呈现出严酷性和歧视性并存的局面,并且随着时间的推移,这种趋势不断加剧(谢申祥等,2010)。

2008年下半年以来,在经济危机的冲击下,除反倾销之外,美国企业及劳工组织越来越频繁地向相关机构寻求各种贸易救济,而中国产品成为其重要的打击对象。如表1.2所示,仅在2009年10月,在美国企业向相关部门提起的对华反补贴诉讼中,美国商务部对全部案件都做出了构成倾销或补贴的裁决,而ITC也都做出了构成损害的裁定,这两个机构还对一些产品实行日落复审,也做出了继续征税的裁定结果。美国如此高频率地打击中国产品,在中美贸易史上十分鲜见,这也意味着中美贸易战一触即发。

表 1.2 2009 年 10 月美国相关机构实施对华贸易救济的裁定结果

日期	裁决内容	涉案产品	裁决机构	裁定阶段	裁定结果
2009.10.13	日落复审	定尺碳素钢板	ITC	终裁	肯定
2009.10.19	日落复审	聚乙烯零售包装袋	商务部	终裁	肯定
2009.10.27	是否补贴	钢绞线	商务部	初裁	肯定
2009.10.27	是否补贴	钢格板	商务部	初裁	肯定
2009.10.29	日落复审	氢化钡	商务部	终裁	肯定
2009.10.30	是否损害	无缝碳钢和合金钢管	ITC	初裁	肯定

资料来源:根据中国商务部网站发布的信息整理(http://www.cacs.gov.cn/cacs/zhong-meimaoyi/more.aspx)

2009 年 9 月 11 日,美国总统奥巴马宣布,对从中国进口的所有小轿车和轻型卡车轮胎实施为期三年的惩罚性关税。其中,第一年实施的惩罚性关税从价税率为 35%,第二年为 30%,第三年为 25%。该案是奥巴马上任之后,美国对中国发起的首例特保调查,而此前布什总统在任期间,美国曾对中国发起六次特保调查,最终均未采取特保措施。

两天之后,中国商务部对原产于美国的部分汽车产品启动了反补贴立案审查程序,对原产于美国的进口肉鸡启动了反倾销和反补贴立案调查程序。9 月 14 日,中国常驻 WTO 代表团发表声明,指出美国对中国输美轮胎采取特保措施是违背 WTO 规则、滥用贸易救济措施的错误做法,并且针对此次特保措施启动了世贸组织争端解决程序。这意味着,中美贸易摩擦持续升级,贸易战已经揭开了序幕。

另外,中国入世之后,美国又谋求在 WTO 的争端解决机制下在贸易领域打击中国。中国入世以来至 2011 年 7 月,在 WTO 的争端解决机制下,曾经 8 次遭遇其他成员方的诉讼(表 1.3),而且 11 起案件的申诉方都有美国。入世之初,中国遭受的诉讼案件极少,只有 2004 年美国针对增值税问题发起过一次诉讼。但 2006 年以来,中国在 WTO 争端解决机制下时常成为美国等发达成员方的申诉对象,而争端的焦点主要集中于服务贸易和知识产权领域。这进一步表明,中国面临来自美国的贸易摩擦和冲突已成为常态,在未来不会得以消解,甚至会有加剧的风险。

表 1.3　中国作为应诉方的 WTO 争端解决案件

	WTO 编号	申诉方	争端议题	发起年份	结果
1	DS309	美国	集成电路的增值税	2004	中国同意修订或废除相关措施
2	DS339 DS340 DS342	欧盟 美国 加拿大	汽车零件的进口	2006	专家组及上诉机构裁定中国相关措施违反了 WTO 规则
3	DS358 DS359	美国 墨西哥	退、减、免税收和其他支付	2007	达成谅解协议
4	DS362	美国	知识产权保护与执行	2007	中国相关法律违反了 WTO 规则
5	DS363	美国	特定出版物和视听娱乐产品的贸易权和分销服务	2007	中国相关做法违反了 WTO 规则
6	DS372 DS373 DS378	欧盟 美国 加拿大	影响国外金融信息服务者提供服务的措施	2008	达成谅解协议
7	DS387 DS388 DS390	美国 墨西哥 危地马拉	赠予、贷款和其他激励措施	2008	未结案
8	DS394 DS395 DS398	美国 欧盟 墨西哥	与出口原材料相关的措施	2009	中国相关做法违反了 WTO 规则

（续表）

	WTO 编号	申诉方	争端议题	发起年份	结果
9	DS407	欧盟	针对欧盟钢铁紧固件的临时反倾销税	2010	未结案
10	DS413	美国	影响电子支付服务的特定措施	2010	未结案
11	DS414	美国	针对美国取向电工钢的反补贴和反倾销税	2010	未结案
12	DS419	美国	针对风力装备的措施	2010	未结案
13	DS425	欧盟	针对欧盟X射线安全检查设备的最终反倾销税	2011	未结案

资料来源：http://www.wto.org/english/tratop_e/dispu_e/find_dispu_cases_e.htm#results。

美国对华贸易政策直接主导着中国遭遇美国贸易壁垒、贸易摩擦的发展趋势，显著影响着两国经贸关系和两国的国民福利，特别是同中国的经济发展和现代化建设息息相关。因此，对这个问题进行深入细致的分析，具有重大的现实意义。

二、理论基础

按照传统的贸易理论，一国实施自由贸易政策能使本国福利实现最大化，特别是中美两个资源禀赋互补性极强的大国，如果政府不加干预地开展自由贸易，将会使两国国民最大限度地获益。然而，如前文所述，美国对华贸易政策中充斥着浓重的保护主义色彩，导致两国的贸易摩擦与争端不断加剧。这种经济上"非理性"的贸易政策在现实中却长期存在，那么其是否存在某种意义上的"理性"呢？由于美国自身具有众多的特殊性，以及中美两国关系的复杂性，用传统的贸易理论无法解释美国对华贸易政策的形成和决策机制，这需要从新的视角来进行分析。

实际上,经济上"非理性"的贸易政策属于公共政策的范畴,而公共政策的制定和实施属于非市场决策,社会成员间利益的分歧使得任何一种价值判断都无法令全体成员普遍接受,于是,政策的制定者很难找到真正兼顾效率与公平的公共政策。20世纪60年代发展起来的"公共选择"理论为分析公共政策的决策过程提供了崭新的视角,具有方法论意义上的重大突破。

具体到对外贸易政策,一项政策措施的出台对不同利益集团的影响是截然不同的,而主要的影响在于收入。传统经济学分析政府行为时假定其为"外生的行动者",当我们突破了这种束缚时,便考虑了贸易政策对不同利益集团收入分配所产生的影响,这就形成了所谓的"贸易政策的政治经济学"分析框架。它吸收了政治学的研究方法,将贸易政策的制定与实施作为公共政策决策的具体形式之一,从国家非经济效率的目标或社会利益分配及冲突的角度去探寻外贸政策产生和变化的政治过程,从而比纯贸易理论更好地诠释了现实中贸易扭曲政策的存在、形式、结构和演变(盛斌,2002b)。

本书将以贸易政策的政治经济学为基本分析框架,对目前世界上唯一的超级大国——美国的对华贸易政策进行理论和经验分析。贸易政策的政治经济学研究在国内还处于起步阶段,因而目前国内尚未有学者对美国的对华贸易政策进行全面、系统的政治经济分析;国外学者对中国问题的关注则尚显不足,因而也未有国外文献对此问题进行深入的探讨。但美国是世界上经济实力最强的国家,其贸易政策直接影响着世界经济和全球贸易,特别是美国作为中国最重要的贸易伙伴之一,其对华贸易政策与中美经贸交往息息相关,对我国的经济发展影响重大,因此,在新的理论体系下,透过新的视角对美国的对华贸易政策进行剖析,具有重大的理论和现实意义。

第二节　研究方法和定位

本书从贸易政策的政治经济学视角分析美国对华贸易政策,重点在于剖析

第一章 导 论

其政策的存在形式、形成机理和演变原因。在进行政治经济分析的过程中,首先依托的是国际贸易理论,包括新古典贸易理论和贸易政策内生模型,同时还会用到政治学的研究范式和分析工具。而美国的对外贸易政策主要是通过立法来制定和实施的,在定性分析贸易法规时又会涉及法理学的知识。因此,本书具有经济学、政治学、法理学相互交融的特点。特别地,本书的核心和要旨在于从政治经济的角度分析美国对华贸易政策的内生过程,这可以使我们更清楚地理解政策的内涵、本质和影响因素,为更好地开展中美贸易提供有益的启示。

在研究过程中,我们仍然沿袭经济学的基本分析方法,采取定性和定量相结合的手段,基本的研究方法包括史实和逻辑分析、理论分析和经验分析。我们将系统地回顾和评述美国对华贸易政策的历史演变、决策过程和形成因素,从史实层面描述现象,通过逻辑分析初步地揭示出政策的内生过程。随后,我们将在总结评述现有理论模型的基础上,建立描述美国对华贸易政策决策和形成机制的理论模型,通过这种抽象和提炼,定性地把握政策的内生机理。最后,我们将截取美国对华贸易政策中典型和重要的事件,用现实数据进行经验分析,以检验逻辑分析和理论分析的结论能否得到支持。

新政治经济学近年来不断发展,目前已经成为经济学的一个重要分支。用新政治经济学的研究思路和方法探讨贸易政策的决策和形成因素是一个十分重要的研究方向,但总的来看,国内在该领域的研究还处在起步阶段,特别是在美国对华贸易政策的政治经济学分析方面还十分零散,本书旨在系统、深入地对该问题进行探讨,揭示出政策形成的深层次动因,这样的研究不仅是对新政治经济学文献的有益补充,在一定程度上引领国内新政治经济学的研究潮流,而且可以从较深层次通盘考察政治因素和经济因素的互动在美国对华贸易政策形成过程中的突出作用,从新的视角重新审视政策的决策机理,从而为我国各界应对和化解来自美国的贸易摩擦与争端、更好地开展中美贸易提供更为清晰和深入的洞察。具体来看,本书的研究定位如下。

第一,本书将突破以往研究零散、初步、概括的局限性,在全面掌握史料和精心分析的前提下,将美国对华贸易政策的历史演变分为若干个阶段,总结归纳出各阶段的典型特征,并对每一阶段政策的形成和影响因素进行逻辑上的分析。美国对华贸易政策是一个内涵极为丰富的问题,对其进行系统、全面的分析是一项十分艰巨的任务(至少需要完成一部专著的工作量)。这样,受到具体研究对象的限制,在定性分析方面,国内学者有的剖析了美国对华贸易政策决策过程的各方面因素,但较为笼统;有的只是聚焦于某一特定时期美国对华政策发生的调整,对其调整的原因进行分析;还有的针对某一具体行业或某一具体措施对决策过程进行政治经济分析。根据本书的研究目标,我们将对美国对华贸易政策进行系统而深入的探讨,将汲取各领域的研究成果,将翔实的史实和精辟的分析呈现在读者面前。

第二,目前国内经济学整体发展的现状是,计量经济学的发展突飞猛进,因而各分支学科的经验研究得到了长足的进步。与此相反,数理经济学的发展水平还十分有限,国内学者建立理论模型的能力尚有待提高,本人以往的研究成果也多集中在经验分析方面。然而,用数学语言表达思想,是每一位经济学者必备的能力,也是经济学发展的必然要求。在本书所涉及的领域,国内的正式理论模型还十分鲜见。为了更好地阐明观点,也为了对已有的重要理论模型进行扩展,使其内涵更为丰富,本书在吸收、借鉴了众多领域研究成果的基础上,构建了揭示贸易政策内生过程的理论模型。该模型整合了贸易理论、选举理论和权力委派等经济学分支的研究思路,并纳入政治学的分析框架,考察的因素更多、与现实更为贴近、更能全面揭示贸易政策的形成机制,这将引领国内贸易政策政治经济学的研究潮流,推动理论研究的发展与进步。

第三,用经验方法深入地揭示贸易政策的内生决策过程十分困难,西方学者也经历了从"松散的"研究到"结构的"研究的发展过程(Gawande 和 Krishna,2003),而目前的经验研究已经发展到能够十分细致而精准地刻画微观主体特征的水平(如 Bombardini 和 Trebbi,2007;2009)。国内在此领域的研究却仍显滞后,不仅规范而严谨的经验分析十分有限,而且已有的经验分析大都停留在"松散的"水平。本书旨在对美国的各个利益相关群体进行透彻的分析,掌握其活动目标和活动方式,并用恰当的方法描述各群体的经济和政治特征,以此解释美国对华贸易政策的决策机制和影响因素。在数据的搜集和处理方面,本书将精雕细琢,努力搜集刻画微观主体行动方式所需要的各方面数据,重点筛选出揭示利益集团行动的各个变量,进行精准的、有针对性的实证分析。这样,本书的经验研究将达到国内领先、同世界接轨的水平和层次。

第四,贸易政策的研究既富于理论性,又同现实紧密相关,本研究的基本定位还在于对现实状况进行深入细致的了解,从而指导理论和经验研究。无论是对史实的回顾和梳理,还是将贸易政策的形成机制抽象成模型,或是用现实数据进行经验分析,都离不开对美国的政治背景、经贸发展、选举制度、立法程序的理解和把握,离不开对政府、利益集团和公众活动方式的深入观察,离不开对中美双边贸易往来和双边博弈行为的深刻理解,因而将这些基本的预备知识作为本书的研究起点是必不可少的。也正因如此,本书的理论和经验研究避免了"从模型到模型、从数据到数据"的范式,能深入地揭示现实,能有的放矢地剖析美国对华贸易政策的形成这一重大现实问题。

第三节 研究思路和结构安排

一、本书的研究思路

本书旨在剖析美国对华贸易政策的决策和形成机制,依托的理论基础是贸易政策的政治经济学。在评述现有研究成果的基础上,我们将按照史实和逻辑分析—理论分析—经验分析—结论和展望四个板块依次展开。

由于美国对华贸易政策具有极强的现实性,我们首先对政策的历史演变进行系统的回顾,提炼出不同阶段的政策特点,以及政策形成的驱动力量和影响因素。这种描述性分析和逻辑分析是全书的起点,既作为背景铺垫,又为后续各章的分析提供了有待检验的重要命题。将史实进行归纳和抽象,并用数学语言表达出来,便构成了本书的理论分析部分。根据美国贸易政策制定的政治背景和

美国对华贸易政策的决策机制和形成因素

美国对华贸易政策的重要史实,我们将构建一个扩展的内生保护模型,考察执政者同各类选民互动、最终决定贸易政策的机制。

在进行定性分析之后,我们将选取美国对华贸易政策中两项重要的决策内容,用现实数据考察政策的形成和影响因素。其中一项是具有全局意义的贸易政策决策,即立法机构决策的、有可能上升为国家法律的重要贸易议案的投票,我们将考察影响议员投票行为的种种政治因素,从而揭示出美国对华贸易政策的决策过程。另一项则是具有局部意义而又十分重要的贸易政策决策,即行政机构和准司法机构对反倾销案件的裁定,我们将深入到案件层面,考察利益集团如何影响相关机构对案件进行裁定。

本书的理论模型将把两项经验分析统一起来,使整篇文章在一个统一的框架下,从不同角度揭示出美国(各种类型的)对华贸易政策的决策和形成机制。

在进行理论和经验分析之后,作为总结,我们将对近期美国对华贸易政策所呈现出的新特点、新动向进行总结评述,并对中美贸易的未来发展进行展望和预测,为中国各界提出政策建议。

二、本书的结构安排

在以上思路的指导下,全书共分为七章,其中第一章为导言,第二章为文献评述,第七章为结论与展望,第三、四、五、六章为本书的主体部分。图1.1描述了各章之间的逻辑关系。

第三章从中美经贸关系发展过程中呈现的波动性和阶段性的特点出发,采用贸易政策政治经济学的基本分析框架,剖析这些现象背后深层次的政治经济因素。我们将美国对华贸易政策的发展历史分为三个阶段,分别讨论各阶段的政策特点、变化趋势以及政策的决策过程和影响因素。

第四章扩展了Grossman和Helpman(1994)的"保护待售"模型,通过在原始模型中纳入执政者谋求竞选支持和进行权力委派的因素,考察了执政者、行政机构同各类选民互动、最终决定贸易政策的机制与过程。

第五章分析直接立法条件下美国对华贸易政策的决策和形成因素。我们首

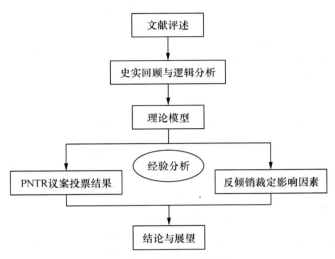

图1.1 本书的结构安排

先综合了新古典贸易理论当中有关贸易政策对收入分配影响的诸多理论模型,和贸易政策政治经济学领域的众多经典模型,提出分析议员投票影响因素的理论框架,随后紧扣理论框架展开经验分析。通过搜集四百三十余名众议员的各方面信息,运用完全信息极大似然法(FIML)进行联立方程估计,详尽地展示了美国对华贸易议案投票结果的影响因素,挖掘出美国对华贸易政策的决策机制和形成机理。

第六章以反倾销裁定为例,探讨权力委派条件下美国对华贸易政策的决策过程。通过搜集、整理1980年至2005年美国对华反倾销案件的裁定结果,以及案件申诉者的种种政治经济特征(特别是申诉者的政治势力),使用Probit方法和联立方程估计方法,揭示了美国相关决策机构在裁定对华反倾销案件过程中受哪些因素的影响,以及各种因素的重要程度。

美国对华贸易政策的决策机制和形成因素

第四节 研究特点

一、主要创新点

在理论上,本书突破了以往研究过分简化、与现实脱节的范围,构建了一个综合考虑政治捐资、选举支持和权力委派的贸易政策内生模型,在 Grossman 和 Helpman(1994)的经典模型中纳入执政者谋求选举支持的因素,刻画了执政者同各类选民互动、最终决定贸易政策的机制与过程,比原始的"保护待售"模型描绘的政治图景更为广阔。在此基础上,我们又初步地考察了贸易政策制定中权力委派问题,得出了可以直接进行经验检验的命题,并将随后两章的经验分析统一起来。

在经验分析上,本书通过细致、严谨的工作,从两个侧面定量研究美国对华贸易政策的决策机制和形成因素。

一方面,我们抓住美国众议院投票决定是否给予中国永久最惠国待遇(PNTR)议案这一典型事例,对议员的投票行为进行了深入的分析。我们掌握了 PNTR 议案的投票过程中,议员从各种利益集团获取的政治捐资、议员的种种个人特征、议员所在选区的政治经济特征等方面的数据,考察这些因素对议员投票结果的影响作用,这就准确把握了微观主体的各种重要特征,对贸易立法过程进行了有针对性和说服力的剖析,从而准确、深入地定量考察了美国对华贸易政策的内生机制。

另一方面,我们选取了美国对华贸易限制的最重要手段——反倾销来考察贸易政策形成的影响因素。本书具体到案件层面,搜集了反倾销申诉者的各种政治经济特征,如为国会议员提供的政治捐资、集中度、就业人数、产品的需求弹性等,考察这些因素对反倾销裁定结果的影响作用。计量模型中的各个指标都是依据国际贸易理论和新政治经济学理论来选取的,能准确地刻画申诉者的政治势力和经济特征,从而将美国对华反倾销的裁定影响因素清晰地展示出来。

二、重点、难点及突破方法

本书的重点在于建立理论模型刻画美国对华贸易政策的决策和形成机制,并通过经验分析来进行验证。

在理论方面,美国贸易政策的决策过程十分复杂,执政者有自己的执政理念和动机(目标函数),利益集团会不失时机地对执政者进行游说和影响,未组成利益集团的各个阶层手中握有选票,也对执政者有威慑力量,执政者还会将一些政策制定的权力委派给行政机构,如何恰当地将各方面因素纳入理论模型,在此基础上将美国贸易政策的决策过程模型化,这一方面取决于研究者的理论功底,只有对相关领域的文献十分熟悉,才能在此基础上科学、合理地建立模型,另一方面还取决于研究者对现实中贸易政策的决策过程、政府、利益集团和公众的活动方式等问题的把握,只有熟知客观现象和事实,才能建立有针对性的模型。对于我们来说,难点主要在后一方面,作为理论工作者,同国外决策机构的相关人员接触机会较少,因而对美国贸易政策的决策过程和形成因素只有理性认识,并没有掌握第一手资料。鉴于此,我们将广泛地搜集各种相关资料(包括书籍、学术刊物、报纸、史料等),掌握翔实、准确的资料,特别是把握美国相关机构的政府官员、利益集团和公众的关注重点、心理活动和行为方式,并且争取创造条件同美国政府机构成员接触,对其进行访谈,以掌握第一手资料。

在经验分析方面,为了能够对美国贸易政策的形成原因和影响因素进行全面把握和深入了解,需要掌握美国与贸易相关的政府机构的种种数据,包括议员的私人信息、获得政治捐资的情况,以及议员所属区域的社会经济情况,还有贸易救济裁定机构进行裁定时使用的种种信息和指标。此外,相关利益集团的种种信息对于经验分析来说也是不可或缺的。只有全面地掌握政府机构和利益集团的相关信息,才能进行有意义并且可靠的经验分析,而搜集和整理数据将是一项浩大的工程。我们将通过各种渠道搜集相关数据,无论是出版物,还是网络资源,都将成为我们获取数据和信息的来源,对数据进行整理时,我们将用到 Access、Matlab 等软件。

具体到经验分析的实现方法,本书将对相关主体(政府官员、利益集团、国际组织等)的行动方式及其影响因素和效应进行定量分析,在此,我们将主要运用联立方程进行估计。针对我们研究的问题,可能会遇到许多内生性问题,如利益集团的政治捐资是影响贸易政策的重要因素,但贸易政策也会对捐资产生重要影响,单方程估计将造成结果有偏,这就需要选用适当的方法,可能会用到的方法有两阶段最小二乘法(TSLS)、加权两阶段最小二乘法(WTSLS)、完全信息极大似然法(FIML)、广义矩法(GMM)、似不相关回归(SUR)等。

同时,针对我们研究的问题,被解释变量常常是 0-1 变量(如投票结果、贸易救济措施是否发生及裁定结果等),因而联立方程组中的这些方程将采用 Probit、Logit 或 Extreme Value 等方法进行估计。这些估计方法纳入到联立方程中,将需要较为严谨而复杂的程序编写。

第二章 文献评述

贸易政策的政治经济学为考察贸易政策的决策和形成因素提供了有力的分析框架,它将公共选择的分析范式嵌入传统的贸易理论,从政策决策过程的视角来探究贸易干预的水平、结构、形式和变化(盛斌,2002)。目前贸易政策的政治经济学研究通过大量的跨部门、跨国、时间序列和案例分析表明,行业的政治、经济和社会特征以及决策者的目标和理念、利益寻租活动、宏观经济因素等,对贸易保护的水平、结构及其变化有显著影响。其基本结论是:政府之所以选择次优政策,是因为其目标并非是为了实现经济效率最大化,贸易政策可能是政府实现社会福利函数和提供社会保险的方法,也可能是政府为了寻求政治支持或竞选获胜而在政治市场上向利益集团出售的商品,也可能是政府兼顾二者的折中结果。

国际贸易会给一国内部的不同利益群体带来不同的影响,而贸易政策会通过改变价格来使利益格局发生变化,因此贸易政策政治经济学的研究起点是国际贸易政策的收入分配效应。经济学分为"规范"的和"实证"的两支,与此相应的,贸易政策的政治经济学研究也有"规范"与"实证"之分。实证的贸易政治经济学可以揭示贸易政策产生的过程、机制和影响,而规范的贸易政治经济学可以对贸易政策进行优劣评判与福利分析。在贸易政策政治经济学的基础上,国内外的一些学者也分别从某些侧面对美国的对华贸易政策进行了政治经济学分析。

美国对华贸易政策的决策机制和形成因素

第一节 理论基础:贸易政策的收入分配效应

国际贸易会给本国不同群体带来不同的影响,一些群体会从贸易中获益,另一些则从中受损。受损者往往更容易紧密地团结在一起,对政策制定者施加压力,从而使贸易政策对本集团有利(Olson,1965),这就往往使一些有利于个别集团,却有损于全体国民福利的"次优"贸易政策出台。按照这种逻辑,贸易政策通过不同产品的相对价格变动而产生的收入分配效应便成为贸易政策政治经济学分析的理论出发点。

在新古典贸易理论的框架下,两个重要的理论模型从不同的角度考察了贸易的收入分配问题,一是 Heckscher-Ohlin-Samuelson(H-O-S)模型,二是特定要素模型。H-O-S 模型基于长期的视角,假定所有的生产要素在行业间是可以自由流动的(Heckscher,1919;Ohlin,1933;Samuelson,1948,1949),则关税、补贴等贸易政策将对不同要素的所有者产生不同的影响,因而人们会基于所拥有的生产要素而结成利益集团对贸易政策施加影响(Bhagwati,1982a)。特定要素模型则是基于短期的视角,假定不同种类的资本作为不同行业的专门生产要素,其在一国内部不能自由流动,而劳动力是所有行业的共同生产要素,在行业间可以自由流动(Jones 和 Neary,1984;Neary,1995)。这样,各种资本(特定要素)的所有者将天然地按照各自所属的行业结成利益共同体,并影响贸易政策的制定过程。

从本质上说,以上两个贸易对收入分配影响的模型的主要差别在于对生产要素流动性的假设,进而引发了贸易政策对资本利润水平影响的差异,最终导致了不同生产要素在贸易政策上的立场分歧。在经验分析当中,现实数据更多地表明,对贸易政策决策产生影响的利益集团不是基于生产要素组成的,而是以行业为单位构成的,特别是在短期进口冲击强烈时,利益集团显然是以行业的形式集中起来谋求政府给予贸易保护。这就是说,经验证据更支持特定要素模型的预测。与此相应,在理论建模方面,基于特定要素模型的分析占据了更为重要的地位,学者们更多地假定利益集团是由特定要素的所有者组成的,针对贸易政策的游说活动是以行业为单位进行的。同时,迄今最有影响的内生保护模型(Grossman 和 Helpman,1994)也是在特定要素模型的框架下构建的。

第二节 实证的贸易政策政治经济学

20 世纪五六十年代兴起的公共选择理论为公共政策的决策和分析提供了强有力的理论支持,经过多年的发展,它已经演变成"新政治经济学"的综合理论体系,新政治经济学与贸易理论结合起来,就生成了一个交叉性的分支——贸易政策的政治经济学,它试图解释现实世界中,政府为何实行各种形式的贸易干预政策,明确地考虑了政策制定的政治背景,能较为全面地揭示出影响贸易政策形成和变化的一系列政治经济因素。

贸易政策的政治经济学研究建立在这样的信念上:行业的特征能够反映导致保护的政治行为过程;其探讨的核心问题是贸易保护水平(或其变化率)与相关指标之间的关系,这些指标通常反映的是行业的经济、政治特征。学者们通过观察反映行业特征的指标对保护水平是否具有显著影响,从而分析和解释一国不同行业间保护水平存在差异的原因。

纵观现有的实证文献,学者们对政治决策过程的性质,或者说对政府所具有的性质持有不同的观点。一种观点认为政府具有"调停人"的性质,其活动仅仅是为了平衡不同的社会集团间的利益冲突;另一种观点认为政府具有"自治者"的性质,它能够充分行使自身的权力来实现自身利益最大化的目标;还有一种折中的观点,认为政府要兼顾和权衡社会公众的利益和自身的利益。这样,我们可以将现有文献分为以下三类。

美国对华贸易政策的决策机制和形成因素

一、作为"调停人"的政府

在代议制民主国家中,利益集团是政治生活中十分活跃的参与者和影响者,一些模型假定政府仅仅充当各利益集团的"调停人"的角色。该类模型认为贸易政策是政府对不同的利益团体,包括政府自身、行业协会、劳工组织、本国和外国的企业以及消费者等群体政治需求的反应。各个利益团体的利益表达和寻租活动使政府的目标函数发生了重大的改变,而一些团体的寻租活动同时也会遭到另外一些团体的反对,最终的贸易政策是它们之间进行博弈的均衡解。

由于政府只起到调节不同的社会集团之间利益冲突的作用,因而其在政治决策中不具有独立的影响,政治决策的性质取决于选民和利益集团的偏好。在这种条件下,一个行业组成政治压力集团的能力就决定了该行业获得保护的水平,这就是压力集团模型(the Pressure Group Model,也称为利益集团模型)。该模型认为,由于存在不完全信息、收入重新分配成本以及政治活动成本,实际的政治决策结果并不能反映大多数国民的意愿,而能够组成政治压力集团的行业可以通过有效的活动来获得有利于本行业的进口保护。

Olson(1965)认为,对一个行业的关税保护是一项集体利益,而行业施加政治影响是由一部分成员完成的,因此搭便车问题会阻碍政治集团的形成。如果一个行业很小,那么成员间的利害关系就很紧密,该行业就会很容易形成压力集团;另外,如果通过保护获得的利益在行业间不是平均分配,而是按照争取保护时的贡献分配,就可以避免保护的公共物品问题,也有利于形成压力集团。而Pincas(1975)则认为,行业在地理上越是集中,其院外游说的动机就越强烈,因为地理集中可以提高行业内成员合作、监督政治活动的能力。Mussa(1974)和Neary(1978)建立理论模型,考察存在对特定要素进行保护时关税的限制效应,为理解压力集团进行游说提供了有益的洞察。

政府作为调停人的另一个模型是推进器模型(the Adding Machine Model),该模型由Caves(1976)提出,其关注的核心问题是一个行业的选举力量。由于个人消费者缺乏信息,并且相对于收益来说,政治活动的成本太大,他们往往不直接反对保护,这样,保护的模式由生产者利益集团形成。由于政府官员希望使其选举概率最大化,因而获得保护的关键在于一个行业的选民数量。与共同利益模型不同,该模型强调的不是每个行业必须进行政治活动的动机,而是行业所拥有的选举力量。而表示选举力量的主要指标是劳动—产出系数和地理分散程度,这两个指标与行业保护水平之间均预期为正相关关系。

以上两个模型都是基于把政府看做是调停人的考虑而建立的,政府协调的对象是生产者和消费者短期的、个人主义的经济利益。在考虑政治决策过程时,如果假定政府是自治者而不是调停人,并且消费者和生产者考虑的是长期的个人利益或是他人和社会的利益(利他主义),就会得到研究保护结构的另外一条思路。

二、作为"自治者"的政府

当政府作为"自治者"时,其首要考虑的是国家整体利益,因而该类模型将贸易政策视为政府出于国家和社会利益的考虑而提供的公共物品,政府目标函数在其所实行的保护水平和结构下得以实现最大化。

Corden(1974)提出了"保守的社会福利函数",其核心思想是政府将给予因进口激增而遭受严重损失的行业以更大的保护力度。在此基础上,Cheh(1974)建立了辅助调整模型(the Adjustment-Assistance Model),其关注的中心问题是进口竞争压力大的部门工人的调整(失业后找到新工作)能力。辅助调整模型假设政府的目标是使短期劳动调整的成本最小化,从而决定在多边贸易体制下,哪些行业的关税减让幅度最小,或者在受到进口竞争威胁时,哪些行业的关税增加幅度最大,也就是说,政府将进口保护作为帮助调整的手段。根据这样的思路,该模型选取的行业特征是劳动—产出系数、非熟练工人比例、45岁以上工人的比例,农村工人的比例、初始关税率和行业增长率。前5个指标与进口关税的变动率预期为正相关关系,而行业增值率与关税变动率预期为负相关关系。

与辅助调整模型类似,还有一类模型关注的是工人的收入和技术水平,并且认为政府的目标是使低收入工人免于遭受经济变革的伤害,这就是社会公平模型(the Social Justice Model)。这类模型的提出者包括 Ball(1967)、Constantopulos(1974)、Fieleke(1976)和 Baldwin(1985),他们选取的指标是平均工资、非熟练工人的比例以及劳动—产出比率。

与上述两种模型不同,比较成本模型(the Comparative Cost Model)关注的焦点是一个行业的国际竞争力,并预期如果一国的某行业具有比较成本的劣势,该行业将得到相对高的保护。Ray(1981)、Lavergne(1983)指出,一国某行业具有相对较低的成本,该行业会成为净出口者,于是他们反对保护,因为本国的保护会遭受到别国的报复,这样,即使出口导向的行业能形成保护压力,他们也不会这样去做;反之,如果某行业具有比较成本的劣势,该行业寻求进口保护的动机就会非常强烈。这类模型通常采用劳动—产出系数、平均工资和非熟练工人的比例来衡量比较劣势。

Helleiner(1977)考虑提供进口竞争品的国家讨价还价的能力和政治影响力,提出了对外政策模型(the Foreign Policy)。该模型基于这样的思路:当别国削减贸易壁垒时,一国是否准备降低其自身的保护水平能够体现出一国讨价还价的能力。由于发展中国家不愿意对等地降低自身的保护水平,Helleiner 认为工业国对发展中国家重要的出口产品会征收较高的关税,他选取平均工资和规模经济变量来衡量哪些制造品对发展中国家更为重要。而 Lavergne(1981)使用了发展中国家出口占美国进口的份额,更为直接地检验模型的有效性。

Lavergne(1983)在 Corden(1974)保守的社会福利函数的基础上,创立了历史影响模型(the Status Qua Model)。Lavergne 认为,一个行业的历史保护水平对当前保护水平有很强的影响,这主要基于两个原因:一是政府官员为了避免一个行业过大的调整成本,二是官员出于对现状的保守考虑,他们或是考虑到已经存在的财产权利,或是谨慎地考虑到变革效应的不确定性。为了检验历史影响模型对美国是否适用,Lavergne 考察了 20 世纪 30 年代斯穆特—霍利法案盛行下的美国关税水平,并得出了支持模型的结论。

三、折中的观点

分析保护结构的一种替代方法是所谓的政治市场模型(the Political Market

Model),这种十分盛行的方法由 Anderson(1978)率先提出,并经后来的学者不断加以完善。政治市场模型的基本思路是:进口保护的水平是在一个政治市场上决定的,在这个市场上,进口竞争厂商及其工人是保护的需求者,而政府是保护的供给者,需求和供给都取决于进口保护给各方带来的成本和收益。前面所提到的七种模型中的所有指标都可以被加入政治市场模型的分析之中,由于该模型更加关注保护结构的预测,有些指标既可作为决定需求的因素,又可作为决定供给的因素,这样,政府既是各个利益集团之间的调停人,又具有强大的自主权力,于是形成了实证的贸易政治经济学的另外一大类模型——折中的观点。

人们认为,在现实中,政府既不仅仅是各方利益的调解者,又不可能是完全的自治者,因此兼具两种角色的政府会更加符合实际。Findlay 和 Wellisz(1982)率先分析了利益相抵触的两个集团如何通过游说等院外活动来促使关税形成,从而成功地构造了一个关税内生化的一般均衡模型。Feenstra 和 Bhagwati(1982)构造了一个政府和利益集团之间进行博弈的局部均衡模型。该模型假定只有一个利益集团(基于生产要素构成)向政府进行游说活动,其游说成本取决于初始关税率、工资率和利润率。当现有的关税水平足够高时,利益集团将停止游说。利益集团的目标是净收益最大化,根据边际原则求解出其所希望的最优关税率。政府的目标是寻求社会福利函数的最大化,并利用关税收入向利益集团进行"反游说",这样可以造成最终的关税率低于单纯由寻租活动形成的关税率。可见,政府既满足了利益集团的保护要求(作为调停人),又维护了全社会的福利(作为自治者)。

折中观点的模型当中,最具代表性的当属 Grossman 和 Helpman(1994)创立的"保护待售"(Protection for Sale)模型。研究者假定利益集团由专属要素组成,他们向政府提供政治资金以换取关税或出口补贴,不同的政治捐资对应不同的关税或补贴水平,这就形成了所谓的"捐资价格表"。每个利益集团的目标是追求净收益最大化,其中净收益等于收入与消费者剩余之和再减去政治捐资的数额;政府追求的是政治捐资和全社会福利之和的最大化,研究者在构建政府的目标函数时,在全社会福利水平前面加上一个权数 a,来反映政府对全社会福利的

美国对华贸易政策的决策机制和形成因素

相对重视程度。利益集团和政府之间进行两阶段非合作博弈:第一阶段是利益集团之间首先在"捐资价格表"上达成关于捐资数量的纳什均衡;第二阶段是政府根据政治捐资决定最优的价格,即关税或补贴水平。

Grossman 和 Helpman 利用这样的分析框架分析了一国关税(补贴)结构的决定因素,得出了如下结论:当政府目标函数中权数 a 和利益集团人数占人口比例这两个结构参数一定时,一国的关税(补贴)结构取决于不同行业的进口弹性、进口渗透率以及有效地组织成利益集团的能力。他们认为,行业的保护率与组成利益集团的能力呈正相关关系,与进口需求弹性呈负相关关系,而与进口渗透率的关系要分情况讨论,当行业能有效组织起来形成利益集团时,保护率与进口渗透率负相关,当行业未能组成利益集团时,二者呈正相关关系。关于结构参数,政府越是关注全社会的福利(a 越大),或者利益集团的人口比例越大,则政府提供的保护水平越低。

Grossman 和 Helpman 模型的本质是:政府一方面寻求政治支持最大化,另一方面最大限度地维护普通选民的利益。为了追求政治捐资,政府不得不将贸易政策进行出售,从而为各个行业制定出高低不等的关税或补贴水平,这体现出其作为调停人的一面;与此同时,全社会的福利也进入政府的目标函数当中,又说明政府有自己独立的政治追求——维护公众利益,这又体现出其作为自治者的一面。

第三节 规范的贸易政策政治经济学

一、寻租理论

Tullock(1967)在其著作中阐述了有关寻租理论的基本思想,其主要意图在于揭示由垄断权而造成的社会损失,例如贸易限制、外汇额度和政府采购等限制供给而产生的"短缺"现象。

  Krueger(1974)在分析数量限制的贸易政策时明确提出了"寻租"的概念。根据 Krueger 的论述,一般意义上的"租"是指由于某种生产要素的供给不受价格变化的影响而给要素的所有者带来的报酬与其转移所得之差,但在"寻租"这个概念中,"租"的含义特指凭借政府的干预政策而获取的超额利润。按照这种思路,Krueger(1974)建立了一个在进口关税和配额制度下对寻租进行福利分析的模型,并使用印度和土耳其的数据对寻租的福利损失进行了经验分析。

  公共选择理论的代表人物布坎南(1986)把寻租定义为:"那些本可以用于价值生产的资源被用于只不过是为了决定分配结果的竞争……寻租从总体上看没有配置价值,是一种纯粹的社会浪费。"为了争夺这些租,一些个人或集团通过竞争性地投入各种资源来影响政府的决策,以实现财富再分配的目的。显然,这些资源并未投入到实际生产中去,因而它无法像寻求利润那样创造社会财富,而只是一种资源的浪费,并导致社会福利水平的降低。寻租理论在贸易政策的政治经济学分析中被广泛应用,精准地阐述了贸易保护政策导致福利损失的机制和原理。

二、直接非生产性寻利理论

  直接非生产性寻利的概念由 Bhagwati(1982b)最先提出,此概念同寻租之间有一定的联系。直接非生产性寻利是指通过从事直接非生产性活动而获得利润的方法,这些活动产生金钱收益,但并不生产包括在正常效用函数中的产品与劳务,也不生产这些产品与劳务所需的投入品。根据 Bhagwati 的论述,直接非生产性寻利活动可以分为两大类,其中一类是属于寻找额外收益的活动,即在既定政策下引起的直接非生产性寻利,这实际上便是"寻租";另一类是鼓励创造额外收益的活动,这种活动试图影响各种公共政策,以使自身从中获取利益,这种活动可以被称为"创租"。对于寻租这类活动,存在经济扭曲是直接非生产性寻利活动的前提,在发生寻租之后,扭曲可能被消除,也可能继续存在。对于创租活动,扭曲正常的经济秩序是直接非生产性寻利活动的目的,活动的结果可能达到了意图,也可能无法实现既定目标。

在 Bhagwati 正式提出"直接非生产性寻利"的概念之前,其本人便对这种活动的福利效应进行过分析。Bhagwati 和 Hansen(1973)的模型指出,某些特定的直接非生产性寻利活动(如走私)可能会使社会福利提高。尽管走私活动是非法的,但逃避关税会带来消费者剩余的提高,如果这种福利的提高大于走私的成本,则社会福利反而会提高。

而对于鼓励创造额外收益的活动,即"创租"活动,一般会导致社会的福利水平下降。Magee,Brock 和 Young(1989)的模型中提到了"黑洞"现象,描述的是寻租方和避租方力量相当,投入大量的资源进行贸易政策游说,但最终仍然使关税水平保持不变,从而导致社会福利水平降低。

第四节 "保护待售"模型的扩展及经验分析

本章第一节中归纳的模型大多数是非正式的模型,从 20 世纪 80 年代以来,一些学者在前人的基础上建立起正式的数理模型,使贸易政策的政治经济学这个重要分支模型化,这些模型可以被分为两大类,一类是直接民主模型,另一类是间接民主模型。

在直接民主模型方面,Mayer(1984)假定个人收入是所拥有的全部生产要素的收益与国家关税收入的再分配之和,每个选民依据各自要素的产权组合计算出自己的最优关税率,而国家的贸易政策(关税率)由公民投票直接决定,所以在没有投票成本时,中间选民的最优关税率就是国家的关税率。

间接民主模型在今天占据了贸易政策政治经济学的核心位置,这类模型认为贸易政策是由政府和代表各自成员经济利益的利益集团的相互作用决定的,其代表性的模型有三个,分别是关税形成模型(Findlay 和 Wellisz,1982;Feenstra 和 Bhagwati,1982)、政治支持模型(Hillman,1982)和保护待售模型(Grossman 和

Helpman,1994)。关税形成模型和政治支持模型中包含无法获得的参数,因而无法用实际数据进行经验检验;保护待售模型简洁、清晰地推导出在民主制度的社会中,贸易政策的形成受哪些因素的制约和影响,并且可以直接进行经验检验,近年来成为贸易政策的政治经济学中最为引人注目的模型,可以说,该领域的主要成果都是对保护待售模型的扩展和经验检验。[①]

我们认为,对保护待售模型的经验检验分为三个层次,第一个层次是早期的检验,即仅对模型本身进行的检验;第二个层次是扩展的检验,即学者们试图对该模型进行扩展,并针对扩展后的模型进行检验;第三个层次是对结构参数的探讨,学者们通过模拟、试验等方法,考察不同方法下估计出的结构参数的规模及可信性。

一、针对原始模型的检验

在第一个层次的检验中,Goldberg 和 Maggi(1999),Gawande 和 Bandyopadhyay(2000)以及 Eicher 和 Osang(2002)使用 1983 年美国制造业跨行业的数据对"保护待售"模型进行了检验,他们发现,模型的基本结论能够得到实际数据的支持。Mitra 等(2002)使用土耳其数据,McCalman(2004)使用澳大利亚数据,分别对"保护待售"模型进行了经验检验,其结果依然支持模型的理论假说。

本书以上述文献中最具代表性的 Goldberg 和 Maggi(1999)为例来具体说明。他们的经验分析所得出的结论如下:对于那些未能有效组成利益集团的行业,进口渗透率与保护率之间呈正向关系且具有显著性;对于那些有效组成利益集团的行业,进口渗透率与保护率之间呈反向关系,但不具有显著性;除了能否组成利益集团的虚拟变量和进口渗透率两个变量外,其他任何关于行业的政治经济特征变量都不对解释保护率具有显著的影响;在政府目标函数中,对社会福利所赋予的权重很大(估计出的 a 值在 50 和 88 之间),且利益集团所占的人口

[①] Gawande 和 Krishna(2003)对贸易政策政治经济学的经验分析文献进行了全面的评述。近年来,该领域的经验文献集中于对 Grossman 和 Helpman(1994)的"保护待售"模型进行检验,李坤望和王孝松(2008b)对这些文献进行了详尽的归纳述评。

美国对华贸易政策的决策机制和形成因素

比例非常高(估计值在88%左右)。模型估计结果如表2.1所示。由此可以看出,Goldberg和Maggi的检验极大地支持了PFS模型的理论假说。但与此同时,他们的检验引发了一个疑问:估计出的a值如此之大,意味着政府对社会福利的重视程度要远远大于对政治捐资的重视程度,这在现实中是真实情况吗?

表2.1 对保护待售模型的估计结果

参数	G-M	G-B	E-O	McCalman	M-T-U
γ	-0.01**	-3.08**	-0.01***	-0.02**	n.a.注
	(-2.56)	(-2.02)	(-4.31)	(-1.84)	
δ	0.01**	3.14**	0.04***	0.02**	n.a.
	(2.01)	(2.00)	(7.26)	(1.91)	
a	88	3 175	25	41	87

注:M-T-U只对$\gamma+\delta$的值进行了估计,并未估计单个参数的值。
括号中的值为t统计量。
*** 表示参数的估计结果在1%的水平上显著;** 表示参数的估计结果在5%的水平上显著。
资料来源:根据Goldberg和Maggi(1999)、Gawande和Bandyopadhyay(2000)、Eicher和Osang(2002)、Mitra等(2002)、McCalman(2004)中的结果整理而得。

检验保护待售模型的核心结论还可以通过考察影响议员投票行为的种种因素来实现。Baldwin和Magee(2000)用联立方程模型检验了发生在1993年到1994年之间三个贸易议案的投票结果:建立NAFTA、签署乌拉圭回合协议和1993年给予中国MFN待遇。他们的结论是:国会议员对贸易自由化议案的投票结果受到利益集团政治捐资的强烈影响,支持NAFTA议案和乌拉圭回合议案的可能性与商业集团的捐资呈正相关关系,与劳工集团的捐资呈负相关关系。这样的结果意味着,贸易政策是"用于出售的",恰好体现了Grossman和Helpman(1994)的思想内涵。此后,Fisher、Gokcekus和Tower(2002)分析《1999年两党联合钢铁保护法案》的投票结果,Olson和Liebman(2004)分析国会通过《连续倾销与补贴抵消法案》的影响因素,均得出了同Baldwin和Magee(2000)一致的结论。

二、扩展的检验

在第二个层次,学者们对"保护待售"模型进行了扩展,将国际贸易领域的一系列重要问题纳入到模型当中,并进行了有针对性的经验检验,这些问题包括:Bombardini(2004)的厂商异质性问题;Matschke 和 Sherlund(2006)的工会及劳动力流动问题;Facchini, Biesebroeck 和 Willmann(2006)的租金不完全获得问题;Gawande 等(2004)的国外游说问题;Gawande 和 Krishna(2005)的游说竞争问题(表 2.2)。上述文献使用的都是美国制造业数据,其结果仍然支持了"保护待售"模型的基本结论。

表 2.2 扩展保护待售模型的方向及主要结论

文献	扩展方向	主要结论	a 的估计值
Bombardini	厂商异质性	一行业中参与游说的厂商的产量占全行业产量的份额越大,该行业获得的贸易保护水平越高	1 589
M-S	劳动力问题	工会是否进行与贸易相关的游说活动、劳动力的流动性,以及工会势力都会对一行业的保护水平产生影响	500
F-B-W	租金不完全获得	政府使用数量限制时创造的租金不完全被本国获取	110
G-K-R	国外利益集团	一行业的国外厂商如果能够组成利益集团,可以使该行业的国内保护水平降低	562
G-K	生产垂直联系	一行业的产品被其他行业作为中间品使用,而其他行业能有效组成利益集团,则会降低该行业获得的保护水平	97
E-S	反倾销税的裁定	如果一起反倾销案件的申诉者在政治上有组织,则该案件往往会被裁定较高的反倾销税率	419
C-L	垄断竞争市场	垄断竞争市场下,全部行业获得的贸易保护水平总为正值,并且与行业的进口渗透率成反比	850

资料来源:Bombardini(2004)、Matschke 和 Sherlund(2006)、Facchini 等(2006)、Gawande 等(2004)、Gawande 和 Krishna(2005)、Chang 和 Lee(2005)、Evans 和 Sherlund(2006)。其中部分 a 值由作者根据文献中的结果计算而得。

Gawande 和 Hoekman(2006)使用美国农业部门的数据，Lopez 和 Matschke (2006)使用美国食品加工部门的数据，都证明了在美国制造业以外的其他部门，同样也存在着"保护待售"的状况。

Chang(2005)在 Grossman 和 Helpman(1994)的基础上，探讨了垄断竞争的市场结构下内生贸易政策的决定因素，从而构造出垄断竞争条件下的"保护待售"模型。Chang 和 Lee(2005)设立了一个一般的计量模型，将原始的和垄断竞争结构下的"保护待售"模型纳入到同一组检验方程当中一并进行经验检验，其估计结果证明了保护待售模型原始结论的正确性，而 Chang 的结论也在一定程度上得到了支持。

Evans 和 Sherlund(2006)利用 1980 年至 1995 年美国反倾销案件的数据，以反倾销税率为被解释变量，在案件层面上对保护待售模型进行经验检验。他们的工作在证明了保护待售模型结论的同时，也指出了利益集团的政治压力对美国反倾销税裁定的影响作用。而且，以往的文献都是使用非关税覆盖率来代替关税率，与此相比，以反倾销税率作为被解释变量同"保护待售"模型的内涵更为吻合。

受 Evans 和 Sherlund(2006)的启发，李坤望、王孝松(2008a)考察了 1980 年至 2005 年美国对华反倾销税的申诉者的政治势力对案件裁定结果的影响，他们的估计结果不仅验证了保护待售模型的基本结论，而且证明了美国对华反倾销税的裁定结果主要受申诉者的政治势力影响，从而揭示出美国对华反倾销背后隐藏的真正驱动力量，也为中国各界今后如何更好地应对美国的反倾销措施提供了有益的信息。

三、对结构参数的讨论

第三个层次是围绕对结构参数的估计结果展开的。对"保护待售"模型进行经验检验的文献，得到的表示政府对全社会福利关注的参数 a 的估计值都很大，小则数十，大则上千，这就意味着美国政府是一个完全的福利最大化者，如果这样的结论可信，那么贸易保护就不是"待售"的，很多学者对此感到疑惑，并专

门探讨 a 的估计问题。

Mitra 等（2006）同时使用美国和土耳其的数据对 PFS 模型进行检验,假定所有行业都能组成利益集团对政府进行游说,并且通过试验的方法对估计出的结构参数 a 的取值范围进行讨论。他们发现,无论使用何种方法,或使用哪个国家的数据,都支持了保护待售模型的结论,并且指出,在组织成利益集团的人口比例变化时,参数 a 的估计值会发生较大幅度的变动。

Imai 等（2006）建立了一个简单的市场均衡模型,继而用这个均衡模型生成数据,用生成的数据对保护待售模型进行检验。其结果表明,尽管所用的数据并非是在保护待售模型的种种约束之下生成的,但把它们带入保护待售模型中检验,估计出的参数仍然可以支持该模型的基本结论。Imai 等（2006）的工作似乎富有重要意义,因为他们提出的假说从根本上动摇了对保护待售模型进行经验检验的研究成果,即怀疑检验模型时所用的数据与模型的匹配性。一旦他们的假说被足够的证据证实,那么对保护待售模型进行经验检验的所有文献都变得没有意义。所幸的是,他们的假说目前尚无法被证实,因为他们在模拟中只给出了一组参数值,所以其生成的数据不具有普遍性,他们估计出的结果与保护待售模型的结论相符或许只是一个巧合。

可以看出,上述检验并未使学者们对 a 值估计过大的原因达成一致意见,更未能真正解决这个问题,更深层次的经验分析还要留待以后来进行。

第五节　美国对华贸易政策的政治经济学分析

一、总体政策的决策和形成机制

Bown 和 McCulloch（2005）通过统计分析的方法展示出 20 世纪 90 年代以来美国对华贸易政策具有的歧视性,认为美国试图捍卫霸主地位、打击后起者,美

美国对华贸易政策的决策机制和形成因素

国宏观经济失衡,以及特定的社会目标是美国政府制定对华贸易政策的主要影响因素。Nakayama(2006)从政治学的视角考察美国对华贸易政策的形成因素,认为美国国内各方利益的博弈是对华贸易政策产生的基础,而中国崛起在很大程度上改变了美国国内的利益格局和对华贸易政策的走向。

在国内文献方面,王勇(1998)探讨了美国的利益集团在对华贸易政策中的影响作用。认为自冷战之后,在美国对华政策的目标中,人权、经贸和安全等三方面利益目标并存,三者之间相互抵触并相互制衡。与此相应地,利益集团彼此竞争,争夺在对华政策制定上的影响力,成为美国对华政策的制定机制中最鲜明的特征。类似地,还有一些学者探讨了利益集团在美国对华贸易政策形成过程中的重要作用,如尚鸣(2006),马述忠、李淑玲(2007),郑晶、马静(2008),蒋珠燕(2009)等。

顾卫平(2001)在美国发展新经济的背景之下剖析了美国的经贸政策,并结合中美两国在经贸方面的互补性,分析了美国对华贸易政策调整的实行原因和决策过程,得出了美国对华贸易政策逐步转向"友善",是出于自身各方面利益的需要这一结论。孙君健(2005)剖析了克林顿执政时期美国对华政策形成的特点,认为美国在对华政策方面,参众两院之争、两党之争十分激烈,但关键时刻各方总能在一些事关国家利益的重大问题上达成共识,进行激烈的争论是美国试图以经济问题在对华政策中换取政治利益的反映。

盛斌(2002a)总结了中美双边关系和美国对华贸易政策的发展历程,并在此基础上从政治经济学的角度简要地剖析了美国对华贸易政策的决策过程,其着眼点在于"两党制"的政治结构、行政和立法部门的斗争、行政机构内部的冲突和利益集团的院外活动。与盛斌相似,林玲、刘恒(2003)回顾了美国对华贸易政策的发展概况,特别强调了美国国内参众两方"斗争"的重大作用,将美国对华贸易政策的决策过程归结为两党之间、国会和政府之间、政府部门内部之间、利益集团之间斗争的结果。冼国兵(2005)认为,美国长时间实施对华出口管制,因而造成了中美之间的贸易不平衡,这种不平衡又成为美国对中国商品实施贸易保护的借口。梁碧波(2006)从国家制度、利益集团、外部约束等角度探讨了美国对华贸易政策的形成机理,认为上述因素的综合作用导致了美国对华贸易政策的复杂性和多变性。钟茂初(2010)指出,美国对华实施严厉的贸易保护措施,表面上看是为了缓解对华贸易逆差,而实际上是为了解决其国内矛盾。贸易失衡是美国国内经济结构中深层次矛盾的外在反映,在全球经济不景气的背景下,这些矛盾更为显著。

二、具体贸易政策措施的影响因素

由于美国对华贸易政策时常体现在具体的政策措施上,很多学者针对美国对华某一具体措施的决策过程进行了政治经济学分析。

随着美国对华反倾销数目的激增,一些学者从逻辑上对中国遭遇反倾销的原因提出了自己的解释(赵瑾,2002;于铁流、李秉祥,2004;等等)。雷达和于春海(2004)从内外均衡的关系与结构调整的角度出发,指出中美之间贸易摩擦的根源在于两国经济结构调整过程的特征和潜在的互补关系。而赵晓、柳阳(2004)则从大国的兴起与战略遏制的角度解释美国对华反倾销等措施的成因。

近年来,国内学者也开始用计量方法分析美国对华反倾销的影响因素。谢建国(2006)使用格兰杰因果检验与计数模型得出结论:经济因素是美国对华贸易反倾销的主要原因,其中,美国国内工业产出的波动与对华贸易逆差显著提高了美国对华的反倾销调查频率。同时,中美政治关系的恶化将强化中美在贸易领域的冲突。同样运用计数模型,沈国兵(2007)的计量结果显示,美国从中国进口渗透的增加是对中国反倾销的最主要决定因素,美国反倾销法的变化增加了对中国反倾销的数量,而中国对美出口比重的减小会对美国的反倾销行动产生抑制效应。在关于裁定是否倾销(计算倾销幅度)的研究中,李坤望、王孝松(2008c)克服了以往文献未纳入申诉者政治特征的缺陷,基于案件层面对美国相关机构裁定对华反倾销税率的影响因素进行了经验分析,其结果表明,用政治捐资衡量的申诉者政治势力是决定美国对华反倾销税率的首要原因。

在反倾销之外的贸易救济措施方面,Bown(2007)考察了中国入世之后美国对华使用"特保条款"的情况,指出美国为了充分利用 WTO 规则来打压中国对

美国对华贸易政策的决策机制和形成因素

外贸易的发展,因而频繁使用这种歧视性的贸易救济措施。王维(2007)探讨了美国对华贸易救济措施的新动向,指出经济因素和政治因素的共同作用导致了美国对华反规避、反补贴、特殊保障措施、知识产权调查等贸易保护措施日益增加。宏结(2009)以2009年美国对华轮胎特保案为例分析了美国对华实施保障措施的原因,认为由于特保措施的针对性、实施条件宽松以及容易执行等特点,限制了中国的报复能力,因而受到美国各界的青睐。

第六节 总结评述

一、理论文献

根据Helpman(1995),在一个共同的特定要素模型和个人效用函数的框架下,贸易政策政治经济学的几个重要理论模型(Findlay和Wellisz,1982;Hillman,1982;Mayer,1984;Grossman和Helpman,1994)可以被统一起来。在这些模型中,不同行业的两个经济特征变量——国内产出和进口需求弹性对各行业贸易保护水平的影响是完全相同的。模型之间的差异在于决定保护率水平的政治经济结构参数,而它们正反映了学者们建模时对政治体制背景进行假设的差别。

这些理论模型都从政府决策的视角,在一定程度上揭示了贸易政策的决策过程和形成机制,为充实和完善贸易政策内生理论做出了贡献。然而,由于贸易政策的内生机制十分复杂,在建模过程中,学者们根据需要进行了一定的简化,因而这些模型与现实世界的差距仍然较大。根据直接民主模型(Mayer,1984),资本丰裕的国家将筑起进口壁垒,而资本稀缺的国家将实行进口补贴,但现实中任何一个国家都会实行进口限制,因而Mayer模型直接被证伪。Findlay和Wellisz(1982)以及Hillman(1982)的模型中包含的重要政治结构参数分别依赖于关税形成函数和政治支持函数的形式,而这些函数是无法得到的,所以无法对这两个模型进行经验检验。Grossman 和 Helpman(1994)的保护待售模型生动地刻画了政府和利益集团博弈、最终决定贸易政策的过程,而且可以直接进行经验检验,但该模型并未考虑竞选因素,而是将获得政治捐资作为在位者的一项终极目标,这与现实中的情形也相距甚远。

二、传统的经验研究

Rodrik(1995)指出了传统经验研究存在的共同问题。其中最重要的是在经验分析过程中,选取的指标只能够间接地反映行业的政治、经济特征,因而实证模型与理论模型之间只存在松散的关系。因此,在经验研究中,应该采用更为直接的变量来进行分析,例如为了反映政治压力,应该采用游说支出的规模、政治贡献、行业成员向政府官员表达其想法的程度、对行业地位的公开陈述等;在反映行业的经济特征时,更为直接的变量是保护率下降引起的调整成本的上升情况、基于国家贸易绩效的显示比较成本等。

在很多情况下,相同的解释变量会出现在不同的模型中,使人们无法分辨哪些模型解释力更强,或者哪些解释变量更有效。而且根据不同的理论假说,解释变量的预期符号不尽相同,这样,无论回归结果如何,都可以使用相关的理论"自圆其说"。这就对回归结果的科学性和可信性提出了挑战。

从计量技术的角度看,很多解释变量之间存在高度的相关性,在回归时会引起多重共线性的问题;另外,计量检验模型一般都假定因变量受一组外生自变量的影响,然而一些自变量指标会同时受到因变量影响,这种内生性问题降低了估计的有效性。

三、对保护待售模型的检验

保护待售模型十分简洁,对其进行的经验检验具有理论模型与计量方程之间高度一致的特点,因而估计出的结果也普遍支持原始模型的结论。但这些研究也存在不尽如人意之处,如表 2.2 所示,如果现实中的 a 值果真如估计出的那样大,则政府对公众福利的重视程度要远远大于对政治捐资的重视程度,这意味着"保护不是待售的"。一些学者也探讨了 a 值过大的原因,从不同的角度对此进行解释,但也没有达成一致的意见。今后只有对模型形式、估计方法和数据特征进行更加细致的分析,才有可能解决这个问题。

四、美国对华贸易政策文献

贸易政策的政治经济学已经成为解释政府决策行为的主流理论,并且得到了经验证据的广泛支持,但关于一国针对某一特定贸易伙伴的贸易政策的内生过程,仅有少量学者进行探讨,如 Grossman 和 Helpman(1995)。具体到美国对华贸易政策,国外学者多是定性分析和比较研究,如 Bown 和 McCulloch(2005),Nakayama(2006);国内在该领域的研究中,有的剖析了美国对华贸易政策决策过程的各方面因素,但较为概括,如林玲、刘恒(2003);有的只是聚焦于某一特定时期美国对华贸易政策发生的调整,对其调整的原因进行分析,如顾卫平(2001);还有的针对某一具体措施对决策过程进行政治经济分析,如孙君健(2005)。本书将突破这些零散的、概括的研究,详尽、全面、具体地剖析美国对华贸易政策的存在形式、决策过程和演变原因。

第三章　美国对华贸易政策的历史演变和形成因素

本章从中美经贸关系发展过程呈现出的波动性和阶段性的特点出发,采用贸易政策政治经济学的基本分析框架,剖析这些现象背后深层次的政治经济因素。

1972年,中美两国发表了《中美上海联合公报》,由此,美国停止了从新中国成立之后一直对华奉行的封锁和禁运政策,标志着中美经贸关系的重新启动。1979年,中美两国正式建交,中美经贸关系实现了真正意义上的正常化,双边贸易迅猛发展,创造了世界贸易史上的奇迹。本章把美国对华贸易政策的发展历史分为三个阶段:从1979年到1989年为第一阶段,美国主动采取了极为友好的对华贸易政策;从1989年到2001年为第二阶段,在此期间,美国对华贸易政策在大体上仍然友好,但这种友好性是被动的,双边贸易的很多矛盾不断激化;从2001年至今为第三阶段,美国对华贸易政策丧失了明确的特征,并变得愈发扑朔迷离。

第一节　美国对华贸易政策:第一阶段

中美两国的关系比较特殊,新中国成立后,两国曾在相当长的时期内处于敌对状态。20世纪70年代开始,美国出于自身的需要,开始谋求同中国的正常外交关系,因而1972年《中美上海联合公报》发表之后,美国主要谋求同中国发展政治和战略关系,而把经贸关系置于从属地位。1979年中美正式建交后,两国经贸关系在双边关系中的重要性显著加强。1979年中美双边贸易额为24.52

◆ 美国对华贸易政策的决策机制和形成因素

亿美元,1989年则升至122.73亿美元,这样迅猛的发展速度,在很大程度上归因于美国在此期间主动地实行了极为友好的对华贸易政策。

一、友好的对华贸易政策

之所以称之为"友好的"政策,是因为这十年间,美国积极努力地推进同中国的经贸关系,并在中美经贸往来中给予中国一定的优惠政策。如果把美国对外政策手段分为"胡萝卜"和"大棒"两类,那么这一时期美国对华贸易政策一直使用的是"胡萝卜"。

1. 最惠国待遇问题

最惠国(MFN)待遇是国际贸易中各国之间相互给予的正常待遇。[①] 然而,20世纪70年代以来,美国国会开始年度审议最惠国待遇问题。这种做法源于国会对《1974年贸易改革法》的杰克逊—瓦尼克修正案,该修正案否决了总统授予中央计划经济国家或者阻碍自由移民的非市场经济国家最惠国待遇的一揽子权力,其针对的是当时苏联的移民政策。

总统若想给予中国最惠国待遇,就要确认中国完全与杰克逊—瓦尼克修正案的条件相一致,或者放弃对中国具有完全一致性的要求,即行使放弃权。从1980年到1989年5月,美国总统一直对中国行使放弃权,要求给予中国最惠国待遇地位,而国会也一直没有反对,所以这十年间,对华给予最惠国待遇的年度审议每年都顺利通过。而总统行使的放弃权在其中发挥了重要的作用。

2. 逐步放宽对华贸易管制

美国颁布的《出口管理条例》中规定了向外国出口的限制等级,该条例将除

[①] 1998年7月,克林顿总统签署一项税收改革法案,将"最惠国待遇"的提法改为"正常贸易关系"(NTR)。

第三章 美国对华贸易政策的历史演变和形成因素

加拿大之外的其他全部国家分为七组,分别实行不同的出口管理政策。① 1972年以前,美国将中国划分在限制等级最为严厉的Z组,而1972年《中美上海联合公报》发表之后,美国就将中国的级别由Z组转为Y组;1981年,美国又将中国从Y组划至限制级别更低的Q组,到1983年又划为最低级别的V组。十余年间美国逐步放宽了对华贸易管制,在相当大的程度上促进了中美双边贸易的发展。

3. 支持本国企业对华贸易和投资

除了对中国出口限制的不断放宽,美国政府还实行了一系列支持本国企业对华贸易和投资的政策。在贸易方面,为从中国进口商品的企业提供信息帮助,放松了对从中国进口商品的种种严格限制;在投资方面,美国政府同中国签署了一系列协议,为美国企业在冶金、电信、电子工业、海岸外渔业、机械工业等领域对华投资提供了很大的便利。

二、政策的决策和形成因素

这一阶段,美国主动采取友好的对华贸易政策,大力发展同中国的贸易往来,主要是由于中国改革开放政策的推进,以及中国在美国全球战略中地位的提高,使美国政府越来越认识到,良好的双边贸易可以给美国带来巨大的经济利益,由此带来的双边关系整体改善则会给美国带来更大的好处。

1. 中国自身的因素

1979年中美建交,同时,中国开始实行改革开放政策。从这一年起,中国的国内市场与国际市场长期隔绝的状态被打破了,中国在一定程度上放弃了传统的进口替代战略,开始谋求发挥自身的比较优势来参与国际分工。此后,中国又

---

① 这七组国家,由严到宽依次是:Z组,出于外交政策、国家战略等原因全面禁运的国家;S组,出于国际安全、反恐、核不扩散和地区安全、稳定的需要,除药品、医疗用品、食品和农产品外全面管制的国家;Y组,允许非战略物资出口,但出于国际安全需要,禁止任何涉及军事用途、有助于提高军事能力、有损于美国安全的商品和技术的出口;W组,基本原则同Y组,但管制更宽松;Q组,基本原则同上,但限制更少;T组,总原则和政策同下述的V组,但对刑侦、军用设备实施限制;V组,基本上不存在管制,但组内各国仍有待遇上的不同。

美国对华贸易政策的决策机制和形成因素

实行了一系列有利于扩大开放的政策,最突出的表现是 1988 年推出的一揽子外贸改革,极大地推动了中国对外贸易,尤其是出口贸易的发展。① 1978 年中国的进出口总额为 206.4 亿美元,其中出口额为 97.5 亿美元,而 1989 年进出口总额增至 1 116.8 亿美元,出口额更是增加到 525.4 亿美元。②

正是因为中国实行了改革开放的政策,所以美国政府意识到:与中国开展贸易既是必要的,又是可能的,大力发展双边贸易的时机来临了。于是在双方建立外交关系的基础上,美国在这一阶段主动实行了极为友好的对华贸易政策。

2. 美国的战略需要

一方面,当时还处在冷战时期,美苏争霸的格局还在延续,里根总统又对苏联采取了强硬的态度。美国为了减少敌对势力的威胁,所以从 20 世纪 70 年代开始逐步同中国建立友好关系,而良好的经贸合作是全面的友好关系的重要组成部分,因此,以中美建交为契机,美国实行了一系列有利于双方经贸发展的对华政策。

另一方面,美国政府认为,虽然中国也是社会主义国家,但和苏联是截然不同的,不会和美国有根本利益的冲突。而且,中国和苏联之间也存在严重的分歧和矛盾,如果同中国改善关系,并巧妙地利用中苏间的矛盾,可以把中国变成牵制苏联的一股重要力量。

而且,为了从根本上实现美国的经济利益,美国还有妄图改造并控制中国的野心,就贸易问题而言,美国政府有两个目标,一是将中国带入以市场规则导向为基础的世界经济和国际贸易体系,二是为美国出口商和投资者开辟在中国的市场准入。为了实现这两个目标,在同中国开展经贸往来之初,美国政府向中国频繁抛出"胡萝卜",实行极为友好的对华贸易政策,希望以此把中国带上其所预期的轨道。

3. 国内利益集团因素

20 世纪 70 年代以来,美国国内利益集团参与对外政策决策的途径越来

---

① 更详细的论述,可参见盛斌:《中国对外贸易政策的政治经济分析》,上海三联书店、上海人民出版社 2002 年版,第 174 页。

② 《中国统计年鉴》,中国统计出版社 2005 年版。

>>>>>> 第三章 美国对华贸易政策的历史演变和形成因素 > >>> >

多,它们充分利用美国多元化的政治体系,不断探寻出参与对外政策制定过程的路径(Nakayama,2006)。然而,不同利益集团在对华贸易问题上有不同的立场,它们都会采取一定行动,使政府制定出令自身满意的政策(Baldwin 和 Magee,2000)。工商业利益集团希望同中国自由地开展贸易,以此来获取中国廉价的原材料和劳动力,或者向中国出口自己的产品。而一些非经济利益集团,比如那些要求提高环境标准的集团和人权组织,则反对同中国开展贸易,他们认为中国的环境问题、人权问题十分严重,不符合人类发展的原则和规律,与中国开展贸易将使美国丧失自身的准则。这两方面的力量都对美国政府对华贸易政策决策产生了一定程度的影响,但在 20 世纪 80 年代,工商业利益集团的活动更为成功。尽管当时中美正常贸易关系刚刚起步,而且美国大型企业对华投资数额也很小,但工商业利益集团已经看到了中国产品和市场的重要性,因而在影响对华贸易政策方面表现得十分积极主动,于是在斗争中占据了上风,他们有效地说服了政府制定出有利于同中国进行贸易以及向中国投资的政策。①

这一时期,美国的战略需要是形成对华贸易政策的主导因素,而利益集团的影响作用较小,可称之为"边际地"影响了对华贸易政策的决策和形成。

第二节 美国对华贸易政策:第二阶段

从 1989 年开始,美国对华贸易政策进入了第二阶段。美国开始不断指责中国的人权问题,并把人权问题同经济贸易关系挂钩,这在对华贸易政策上有很明显的体现。而 20 世纪 90 年代,伴随着中美双边贸易的迅速发展,一系列敏感的

---

① 这一时期,美国人权组织的活动也并非毫无成果。1985 年,在人权组织的干预下,美国政府决定撤回对联合国人口活动基金会(UNFPA)的全部捐款,理由是该组织向中国的人口工程提供了帮助,而中国的计划生育政策是不符合美国的人权标准的。当然,美国政府的这一举动更多的是针对联合国的一个组织和强制性流产本身,而并非直接针对中国,且同中美贸易无关,所以我们认为这一事件没有改变该阶段美国对华贸易政策的性质。

美国对华贸易政策的决策机制和形成因素

问题也凸显出来,美国政府试图通过贸易政策的改变来解决这些问题,这在一定程度上也影响了美国对华贸易政策的决策和形成。但是,由于中国的改革开放和现代化建设不断取得新成就,并且美国大公司在华利益不断扩张,再加上国际贸易体制的约束,美国政府仍然维持了友好的对华贸易政策。只是同第一阶段相比,这种友好性是被动的,友好的政策背后隐藏着种种矛盾。这一阶段一直持续到2001年。

一、趋于复杂的对华贸易政策

本书之所以将1989年作为美国对华贸易政策两阶段的分界线,是因为1989年后美国对华贸易政策总体上仍然呈现出友好性,但趋于复杂。

1."全面接触"的友好战略

如前文所述,这一阶段美国在总体上仍然实行了友好的对华贸易政策,无论是老布什总统,还是克林顿总统,都高度重视同中国的合作,尤其重视同中国的经贸往来,实行了一系列有利于同中国开展贸易的政策。

1989年后,美国对华实行了一系列经济制裁行动,中美高层的官方接触已经停止,只存在一些民间的或企业间的交流。但不久之后,老布什总统出于美国长远战略利益的考虑,试图同中国进行"建设性接触",在对华贸易政策上展示出友好的姿态,这是美国努力回复到友好的对华贸易政策的重要一步。

1993年,克林顿入主白宫,尽管他曾经一度主张实施强硬的对华政策,但其执政期间对华政策的主流是"全面接触"的战略,当然,友好的对华贸易政策是其中关键的一环。从1993年到1997年,中美高层官员频繁互访,并签署了大量的贸易和投资方面的合约与协议,进一步促进了双方在相关领域的合作。

这一阶段,美国对华贸易政策最为重要的事件是克林顿政府支持中国加入世界贸易组织(WTO)。美国是中国加入 WTO 最重要的谈判对手,双方就中国复关及入世的谈判历时多年,主要原因是美国对中国的"要价"和中国愿意提供的"出价"之间相差甚远。在"全面接触"战略的指导下,美国谈判代表团在同中国代表团的谈判中降低了一些要求,增强了中方可接受的程度——这实质上就是美国政府支持中国入世的表现。尽管谈判过程十分艰苦,但中美双方代表团终于就中国加入 WTO 问题达成协议,两国于 1999 年 11 月 15 日在北京正式签署了关于中国加入 WTO 的双边协议书,至此,中国完成了入世最为关键的一步。

2. 最惠国待遇之争

从 1980 年到 1989 年 5 月,美国总统一直对中国行使放弃权,要求给予中国最惠国待遇地位,而国会也一直没有反对,对华给予最惠国待遇的年度审议每年都顺利通过。但 1989 年之后,情况发生了变化,很多国会议员要求根据杰克逊—瓦尼克修正案,撤销中国的最惠国待遇地位,作为对其违反人权准则的经济制裁。布什总统友好的对华态度时常受到国会议员的抨击,克林顿在竞选演说中也宣传要通过最惠国待遇问题来制裁中国(Walsh,1992),并且后来还宣布将从 1994 年开始把中国的最惠国地位同人权联系起来。

1994 年 5 月,经过通盘考虑,克林顿总统宣布继续给予中国最惠国地位,并宣布美国不再把中国的人权状况与是否给予中国贸易最惠国地位问题相挂钩。此后的五年中,围绕给予中国最惠国待遇(1998 年起改为"正常贸易关系")问题,总统、国会、利益集团之间一直都发生着激烈的斗争与冲突,但每次审议均以继续给予中国最惠国地位而告终。2000 年 3 月,克林顿建议国会给予中国永久性正常贸易关系地位。2000 年 5 月和 9 月,国会的众议院和参议院分别以压倒性多数票通过了给予中国永久性正常贸易关系(PNTR)的地位。

3. 摩擦不断,施压不断

1990 年 1 月,美国国会推翻总统否决,通过了《对外关系授权法》中增加的一些专门针对中国的条款,成为全面制裁中国的法律依据。

1991 年 4 月,美国政府首次将中国列入"特别 301 条款"重点观察国家名

美国对华贸易政策的决策机制和形成因素

单。① 1995年,中美知识产权谈判陷入僵局,美方敦促中国在指定期限内满足其要求,否则将动用"特别301条款"对从中国进口的35种价值达10亿美元的商品征收100%的惩罚性关税。

1995年5月4日,美国纺织品协议执行委员会决定从当日起将单方面扣减中国纺织品配额183万打,给中国造成将近1亿美元的损失。

1996年4月,美国再次将中国列为1996年"超级301条款"的重点观察国家,威胁要对中国进行制裁。1996年5月15日,美国公布了一项大约20亿美元的针对中国的贸易制裁清单,中方随即公布了对美的反报复清单,中美贸易战爆发。同年6月,中美就知识产权保护问题达成了一致,并互相取消了报复行动。但到了9月初,美国又以中国企业非法转口纺织品为由,单方面扣减中国1996年13个类别的纺织品配额。

另外,美国贸易代表办公室发表的年度评估报告还时常批评中国仍在通过各种方式限制美国产品的进入,双边贸易不平衡也成为美国各界经常讨论的热点话题。与此同时,美国政府不断就市场准入问题向中国施压。

二、政策的决策和形成因素

1. 利益集团的作用

这一阶段,中国同美国的各种利益集团之间具有更大的利害关系,各利益集团参与政治生活的途径进一步扩宽,因而利益集团在对华贸易政策的决策和形成方面,发挥了更为重要的作用。

克林顿执政时期,行政部门开始同利益集团之间建立起一种更为友好的新型关系,这可以从行政部门同人权组织间关系的变化中体现出来。在克林顿上

---

① 1988年《综合贸易法》中的301条款包括"超级301条款"和"特别301条款"。超级301条款规定从1989年起指派美国特别贸易代表在每年4月30日前确定一份美国认为保持过多贸易壁垒的重点国家,然后指定严格的日程表,与之进行取消壁垒的谈判,如果谈判不成功,则请求削减从这些国家的进口以实施报复。特别301条款是专门针对知识产权保护问题的,其内容跟超级301条款一样,也是先由贸易代表每年4月30日前列出一批保护美国知识产权做得不够的国家和地区名单,然后限期进行谈判并根据谈判结果决定是否报复。

>>>>>> 第三章　美国对华贸易政策的历史演变和形成因素 >>>>

任之前，人权组织经常与行政部门发生争执，阻碍其政策的推行；而克林顿入主白宫之后，人权组织对内阁表现出十分友好的态度，而且内阁还积极地向这些组织寻求政策建议，相当多的建议成为了内阁提出的议案的组成部分，一些国会议员还成为人权组织坚定的支持者。可见，人权组织具有了参与行政机构决策的新途径，并且能得到国会的不断支持，因此他们能够有效地向行政机构施压，使其尊重人权组织的行动纲领(Dietrich,1999)。所以，在克林顿执政时期，围绕给予中国最惠国待遇的斗争异常激烈，而反对者的理由主要是中国的人权问题——这充分体现出人权组织利益集团的重要作用。

　　该阶段，除了人权组织积极活动之外，工商业利益集团也大举行动。其中，拥有上千个成员的美中贸易商业联盟(Business Coalition for U.S.-China Trade)在对华贸易政策的形成过程中扮演着最重要的角色。据《商业周刊》报道，美中贸易商业联盟代表了几乎所有的美国大中型出口商，这样一个大型工商业组织在克林顿竞选成功而尚未就职之际，给其写了一封信，力劝克林顿给予中国最惠国待遇，并建议其采用更多行之有效的手段来发展同中国的长期关系。[①] 前文提到的克林顿总统经过通盘考虑，决定继续给予中国最惠国待遇，并宣布美国将不再把中国的人权状况与最惠国地位问题挂钩，就是考虑到美中贸易商业联盟的意见，为了发展同中国的长远关系而做出的抉择。

　　20世纪90年代后期，工商业利益集团同国会紧密联系，有效地影响了对华贸易政策的制定。特别地，1999年年末到2000年春，在政府决议是否给予中国PNTR的过程中，工商业组织再一次卷入其中，并且完全控制了斗争的局势，使得参众两院均以压倒性多数通过了总统提出的给予中国PNTR的建议。可以说，在PNTR问题上，美国的工商业集团扮演了替中国充当游说者的角色(李坤望、王孝松，2009)。

2. 美国的战略考虑

　　第一，这一阶段美国对华贸易政策在大体上仍然是友好的，这是因为中国改

---

① China: The Great Brawl. *Business Week*, June 16, 1997, p.32.

美国对华贸易政策的决策机制和形成因素

革开放的进程不断深入,经济发展取得了巨大的成就,使美国各界认识到,一个安全、稳定、开放的中国符合美国的战略利益,同中国的"全面接触"有利于将中国带入规范的市场经济国家和政治民主国家。当国内反对势力指责克林顿给予中国 PNTR 时,克林顿就用上述观点为其对华贸易政策进行辩护。

第二,应该看到该阶段美国对华贸易政策趋于复杂,其友好性是被动的,友好的政策背后隐藏着种种矛盾,所以才呈现出前文提到的最惠国待遇之争和"摩擦不断、施压不断"的局面。1989 年以后,两极格局结束,美国整体的对外政策开始缺乏明确的目标,这使得 1979 年以来一直保持的对华政策的一致性遭到破坏。1989 年以前,安全问题,或者说防御共产主义侵略是首要问题;而 1989 年以后,维持民主力量和反对共产主义已不是美国关注的首要焦点,这就在传统的"安全问题"之外为"道德问题"创造了一片空间,也使得美国对外政策的关注点扩展到了非传统安全问题,如经济利益、环境保护、人权问题等。基于这方面的战略考虑,美国对华贸易政策的政治化与日俱增,使政策呈现出趋于复杂的特征。

3. 中国产品和市场对美国的重要性

进入 20 世纪 90 年代,中国商品对美国的重要性愈发凸显出来,而且被美国各界所认识到(Hoagland,1994)。这一阶段,中国坚定不移地发展外向型经济,利用自身劳动力充足的特点,大力发展劳动密集型产品的对外贸易、积极开拓海外市场,而主要的出口对象之一便是美国。很多美国人发现,如果不给予中国最惠国待遇,或者对中国产品施加严厉的贸易壁垒,将会使自身遭受严重的损失。如表 3.1 所示,中美贸易总额由 1989 年的 122.73 亿美元直线上升到 2001 年的 804.84 亿美元,而美国对华进口则由 1989 年的 44.1 亿美元猛增至 2001 年的 542.82 亿美元。如表 3.2 所示,1989 年到 2001 年间,美国从中国进口的主要产品是机械类产品和轻工业产品(包括玩具、体育用品以及纺织品和鞋类)。

第三章 美国对华贸易政策的历史演变和形成因素

表 3.1　1989 年至 2001 年中美贸易额　　　（单位：亿美元）

年份	进出口	出口	进口	差额	年份	进出口	出口	进口	差额
1989	122.73	44.12	78.61	-34.49	1996	428.41	266.85	161.55	105.30
1990	117.70	51.80	65.90	-14.10	1997	489.93	326.95	162.98	163.97
1991	141.70	61.60	80.10	-18.50	1998	549.37	379.76	169.61	210.15
1992	174.90	85.90	89.00	-3.10	1999	614.26	419.46	194.80	224.66
1993	276.50	169.60	106.90	62.70	2000	744.67	521.04	223.63	297.41
1994	354.30	214.60	139.70	74.90	2001	804.84	542.82	262.02	280.80
1995	480.30	247.11	161.18	85.93					

资料来源：根据中国海关总署发布的数据整理。

另一方面，美国的很多企业也积极开拓中国市场，他们发现中国的购买力越来越强，而且对国外产品的需求不断升级，因此美国各类出口企业基于自身的利益，十分关注中国市场、关注中美之间的关系以及美国对华贸易政策的走向。很多美国大型企业都十分积极地支持与中国进行正常的贸易并反对单边主义的对华制裁措施，因为一旦中国采取报复措施，来自中国的巨额订单将会消失，并落入其竞争对手——欧洲公司的手中。政府在制定对华贸易政策的过程中，必然也会考虑中国市场的重要性，因为贸易战一旦打响，丧失的中国市场份额将会对整个国家的经济产生极为不利的影响。如表 3.3 所示，1989 年，美国对华出口 78.6 亿美元，2001 年，出口额一路攀升至 262.02 亿美元，其中出口较为集中的几种产品是机电产品、肥料和高新技术产品（包括核反应堆、航天器、飞船和医疗手术设备等）。

4．外部制度约束

这一阶段，在美国对华贸易政策的形成过程中，外部制度约束也发挥了较为重要的作用，其中包括多边、区域和双边三方面的约束。

美国是关贸总协定的发起者，又是世界贸易组织的创始国之一，因此在推动和参与多边国际贸易规则中扮演着重要的角色，美国也要千方百计地维持其"自由贸易旗手"的形象。冷战结束之前，美国以"抵御共产主义国家侵略"为由，对社会主义国家进行孤立和封锁，设置贸易限制。而冷战结束后，美国若再

美国对华贸易政策的决策机制和形成因素

表 3.2 1989 年至 2001 年美国自华进口额前五位产品种类及进口额

金额（亿美元）

产品种类	1989	1990	1991	1992	1993	1994	1995	1996	1997	1998	1999	2000	2001	总计
电机,声讯设备,电视设备	16.3	19.3	25.8	34.3	44.4	65.2	78.9	89.1	105.6	127.7	150.5	195.6	197.3	1 150.0
玩具;游戏及体育用品;零部件	17.3	21.4	26.1	36.9	41.7	51.5	62.2	75.0	93.6	105.5	110.8	123.8	122.2	888.0
鞋类;胶鞋及其零部件	7.2	14.8	25.3	34.0	45.2	52.6	58.2	63.9	74.1	80.1	84.3	91.9	97.6	729.4
核反应堆;气锅;机械;零部件	3.3	4.7	6.6	10.6	15.6	23.7	36.2	44.8	59.9	76.2	101.7	134.1	137.2	654.5
服装及附件（不含编织品）	15.9	21.1	23.0	30.7	37.9	35.1	32.8	35.1	41.6	38.1	37.5	41.7	41.5	432.1

资料来源：http://www.tse.export.gov

表 3.3 1989 年至 2001 年美国对华出口额前五位产品种类及出口额

金额（亿美元）

产品种类	1989	1990	1991	1992	1993	1994	1995	1996	1997	1998	1999	2000	2001	总计
核反应堆；气锅；机械；零部件	10.4	8.6	10.6	11.8	18.2	19.2	21.9	23.0	24.8	27.2	25.7	34.8	40.7	276.9
航天器、飞船及其零部件	5.4	7.5	10.8	20.6	22.3	19.1	11.8	17.1	21.2	35.9	23.2	16.9	24.5	236.1
电机,声讯设备、电视设备	2.4	2.6	2.8	4.6	9.0	9.2	12.7	14.3	15.2	17.5	19.9	27.0	34.3	171.6
肥料	4.9	5.4	9.8	6.3	2.9	9.4	12.0	8.9	10.5	10.6	9.3	6.7	4.2	101.1
光学,摄影器械；医疗手术器械	2.7	2.3	3.2	4.4	4.7	3.9	4.5	4.9	6.3	6.8	7.9	8.1	12.5	72.0

资料来源：http://www.tse.export.gov

美国对华贸易政策的决策机制和形成因素

以此为理由限制对华贸易,就未免过于牵强。尽管当时中国还没有加入 GATT/WTO,但中国不断表现出复关/入世的决心,并且国内的市场经济建设日益深入,在这样的背景之下,美国不得不对中国开放市场,以显示其促进自由贸易发展的姿态。

这一阶段,亚太经济合作组织(APEC)正式成立,而且中国加入其中。APEC是中国参与的重要区域性贸易组织,而且该组织的成员国还包括美国,所以APEC的运行机制对中美经贸关系和美国对华贸易政策的形成具有至关重要的作用。自从中国1991年成为 APEC 正式成员以来,为了进一步开放中国市场,美国力图在 APEC 框架内迫使中国在贸易自由化方面做出更大的让步。于是,以美国为首的发达国家主导 APEC 发展方向的趋势愈来愈强,APEC 贸易和投资自由化活动出现了逐步向谈判机制化方向发展的趋势,硬约束的成分逐渐增多。可见,以区域性贸易组织作为推动中国加快市场开放的有力工具,是这一阶段美国对华贸易政策形成的重要机制。

1979年中美建交以来,两国为了促进双边经贸发展,签订了许多双边贸易协定。其中1979年签订的《中华人民共和国和美利坚合众国贸易关系协定》(下称《1979年中美贸易协定》)是纲领性协议,该协议对中美双方的基本贸易关系进行了明确的定位,并具有协调、规范双方贸易行为的作用。因为贸易协定通常都会持续较长的期限,而且大多数贸易协定都有自动延期生效的条款,这就使得两国的经贸合作关系在一定程度上得到外生力量的维护,从而不会因为其他因素(特别是政治因素)而受到太大的影响(梁碧波,2005)。于是,尽管1989年以后国际形势发生了巨大的变化,美国对华贸易政策也呈现出复杂性的趋势,但在《1979年中美贸易协定》的约束之下,美国对华贸易政策仍然呈现出大体友好的特征。

5. 各种因素的共同作用:一个案例分析

本部分通过讲述1993年至1994年给予中国最惠国待遇的决策过程来说明各种因素对于美国对华贸易政策形成的共同作用。

前文已述,人权组织为了维护自己的纲领,强烈要求总统撤销给予中国最惠

第三章　美国对华贸易政策的历史演变和形成因素

国待遇,或者要求总统将最惠国待遇同人权状况挂钩。以人权组织为代表的非经济利益集团不仅巧妙地渗透到行政部门的决策过程之中,而且在国会拥有坚定的支持者,它们给总统带来了前所未有的压力,我们将这种压力称为"原则约束"。在"原则约束"之下,克林顿总统于1993年5月发布了一条行政命令,声明人权状况将成为他下一年决定是否给予中国最惠国待遇的依据。实际上,这条"行政命令"干涉了中国的内政,是侵略性单边主义的典型体现,而其背后则体现着总统对来自人权组织的"原则约束"的服从。

另一方面,美国总统竞选异常激烈,强烈地抨击对手的施政纲领成为竞选技巧之一。克林顿在竞选总统时曾经批评布什总统在对华贸易政策上的软弱,并承诺他将改善这种状况,于是克林顿入主白宫之后,被自己当时的承诺束缚了手脚,不得不在中国最惠国待遇和人权问题上显示出强硬的姿态。至此,我们可以看出,"原则约束"和竞选总统的需要导致了1993年5月那条行政命令的出台。

1994年5月,一年一度的对华最惠国待遇审议重新开始,这一次,工商业利益集团真正感到了压力:因为在布什总统执政时期,尽管社会各界对是否给予中国最惠国待遇争论得异常激烈,但布什总统屡次使用总统否决权,否决了国会终止给予中国最惠国待遇的议案;但克林顿上台之后,情况发生了变化,工商业利益集团认识到,克林顿极有可能不会再像布什那样行使否决权,维护工商业集团的利益,终止给予中国最惠国待遇第一次真正具有了可能性。于是,以美中贸易商业联盟为代表的工商业组织采取了有史以来针对对外政策的最具进攻性的游说活动,我们称工商业组织给克林顿总统带来的压力为"商业约束"。

在"原则约束"和"商业约束"的双重压力之下,政府也必须进行客观而缜密的思考。很多行政官员(包括总统)和国会议员都意识到,中国正在迅速崛起,在出口、投资等方面,几乎在所有大型跨国企业的计划中都占据越来越重要的地位,它是世界上经济发展速度最快的大国,而且很有可能在21世纪成为主导型经济体之一,被拒于这个市场之外可能对美国企业在东亚乃至全世界的总体竞争力造成严重影响。另一方面,中美双边贸易迅速增长的事实,使政府官员越来

美国对华贸易政策的决策机制和形成因素

越重视中国市场潜在的未来增长及其刺激美国就业和经济增长的能力。此外,中国在区域中的重要地位也使国会议员和总统对中国刮目相看,美国在一系列问题上需要同中国合作,克林顿不得不考虑同中国发展长期关系。我们将这些现象称为"中国崛起",它将成为为克林顿进行最惠国待遇决议时考虑的另一个重要因素。

外部制度的约束也在总统的决策中起到了重要的作用。这一时期,克林顿积极倡导北美自由贸易协定的建立,并加紧了进行乌拉圭回合谈判的步伐,在世人面前展现出自由贸易积极倡导者的形象。另外,《1979 年中美贸易协定》对两国互相给予最惠国待遇的范围作了明确的规定,如果在这个时候终止给予中国最惠国待遇,或者加上苛刻的人权条件,则会使美国在世人面前名誉扫地,会被别国指责成为"伪自由贸易者",那将使美国在乌拉圭回合谈判中的地位一落千丈。

在"商业约束"以及外部制度约束之下,克林顿总统于 1994 年 5 月宣布继续给予中国最惠国待遇,并且宣布最惠国待遇问题同人权状况脱钩;但总统又不能完全置"原则约束"于不顾,所以还要考虑敦促中国改善人权状况,而"中国崛起"的事实又使得克林顿不敢过于跋扈,因此他于 1994 年 6 月对中国提出了比较温和的人权标准。这次提出的人权标准不像人权组织所要求的那样强硬,但也在一定程度上让人权组织满意,因为它们的某些立场得到了体现。

从这个案例可以看出,以上所讨论的诸因素交织在一起,共同导致了美国对华贸易政策的最终形成。各方面因素对决策过程的影响机制可以由图 3.1 简明表示。

第三章 美国对华贸易政策的历史演变和形成因素

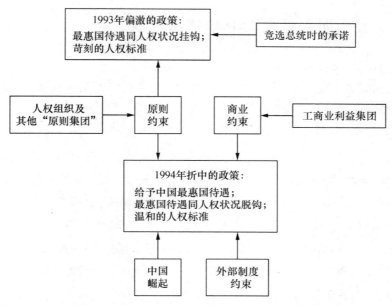

图 3.1 1993 年、1994 年给予中国最惠国待遇的决策机制

第三节 美国对华贸易政策:第三阶段

2001年,中美两国分别发生了一起举世瞩目的事件:美国遭受了严重的恐怖主义袭击,即震惊世界的"9·11"事件;中国历经15年的艰辛历程,终于加入了世界贸易组织。这两个事件都对美国的对华贸易政策走势产生了重大的影响,因此以2001年中国入世为界,美国对华贸易政策进入了第三阶段。从2001年至今,美国对华贸易政策没有一个明确的总体特征:在一定程度上仍然实行友好的政策,双边贸易进一步迅猛发展;但双方的贸易摩擦不断,且有升级之势,美国以贸易不平衡等问题为借口,大举向中国施压,对华贸易政策呈现出的歧视性特征在美国贸易史上也绝无仅有。

美国对华贸易政策的决策机制和形成因素

一、丧失明确特征的对华贸易政策

1. 未能放弃的友好性

"9·11"事件结束之后,中美经贸领域的高层互访和交流频繁,中美贸易基本上处于健康发展的态势。

这一阶段,美国为拓展双边贸易做出了极大的努力。首先,美国承诺减少对华高科技出口的限制,力争促进双方高科技产品贸易。根据 ITC 的统计,2001年至 2005 年间,美国向中国出口半导体设备增长了一倍;很多从前被禁止对华出售的高科技产品也被解禁。其次,在纺织品贸易领域,尽管双方发生了许多摩擦,在谈判过程中也经历了许多曲折,但双方最终于 2005 年签署了《纺织品和服装贸易的谅解备忘录》,极大地降低了中国纺织业对美出口的障碍。

此外,从 2002 年到 2008 年,美国总共七次使用"中国特保措施"对中国产品进行调查。尽管 ITC 四次确认了中国出口产品对美国产业造成损害或损害威胁,并建议总统采取贸易救济措施来保护国内产业,但总统最终都拒绝了 ITC 提出的给予贸易救济的建议,没有对相关的中国产品施加任何贸易壁垒。

2006 年 4 月,胡锦涛主席对美国进行了国事访问,以"经济外交"形式再次展示了中美经贸交往的美好前景,两国领导人一致同意通过平等协商的方式妥善解决分歧和摩擦,表示中美两国互利双赢的贸易关系将继续得以深化。

2. 歧视性的对华贸易政策

这一阶段,美国对华贸易政策的歧视性特征十分明显。尽管美国在历史上曾经对不同的目标国实施过歧视性贸易政策,但自中国入世以来的 8 年多时间里,对中国采取的贸易政策的歧视程度极为严重,达到了美国贸易史上的最高峰。由于传统的贸易保护主义已经日渐式微,美国对中国产品的限制主要是通过反倾销和保障措施实现的。

从中国入世之后到 2008 年,美国发起反倾销调查呈现出"总体上分散、对中国集中"的新特点(表 3.4)。中国商品遭受反倾销调查高达 68 次,成为美国反倾销的头号目标国,而位居第二至第十位的九个目标国(地区),遭受反倾销调

第三章 美国对华贸易政策的历史演变和形成因素

查数量总计为72次,同中国一国遭受调查的数量几乎相等。而且,仅有印度和韩国遭受的反倾销数量超过了10次,其他七个经济体在七年内遭受的反倾销调查的数量仅为一位数。在此期间,美国对前十位目标国的反倾销案件中,有57%的案件被ITC裁定为构成损害,但涉及头号目标国——中国的案件中,被确认损害的比例高达79.4%,加之中国遭受反倾销调查的总数很大,因而最终导致征税的案件数十分可观,而中国商品被征收的平均税率更是高得惊人,达到了165%。

表3.4 美国反倾销调查目标国排名(2002年至2009年)

位次	经济体	反倾销调查数量	ITC确认损害数量(比例)	被单独调查数量(比例)	平均税率
1	中国	58	54(79.4%)	35(51.5%)	165.1%
2	印度	14	5(35.7%)	2(14.3%)	44.1%
3	韩国	10	3(30.0%)	0	27.8%
4	日本	9	3(33.3%)	5(55.6%)	104.0%
5	墨西哥	8	5(62.5%)	0	32.6%
6	德国	7	2(28.6%)	0	78.7%
7	南非	6	1(16.7%)	3(50%)	121.4%
8	加拿大	6	1(16.7%)	5(83.3%)	20.9%
9	印尼	6	3(50%)	0	62.5%
10	台湾	6	3(50%)	1(16.7%)	24.0%
	合计	140	80(57.1%)	51(36.4%)	109.2%

资料来源:原始数据来源于Brandeis大学C. Bown教授建立的全球反倾销数据库5.0版本(网址为http://www.brandeis.edu/~cbown/global_ad/),和美国ITC发布的《进口损害案件统计(1980—2007财年)》。作者根据相关数据整理计算而得。

综合这些指标容易看出,美国采取的对华反倾销措施十分严厉,甚至严酷,并且对中国商品极具杀伤力。并且,中国被单独调查的比例达到了51%,超过了十个目标国的平均水平,这又反映出美国对华反倾销的歧视性。近年来,美国发起的反倾销调查往往涉及多个国家的产品,这是因为从20世纪80年代美国修改反倾销法以来,允许ITC采用累积的方法进行损害的判定,即涉案进口产品可在多个来源国的基础上累积,以判定是否对国内企业造成了损害,这就提高了

◆ 美国对华贸易政策的决策机制和形成因素

确认损害的可能性。在这样的背景下,中国还时常被单独进行反倾销调查,反映出美国的申诉者在反倾销过程中对中国的歧视性待遇。

下面分析这一阶段美国对华采取保障措施的歧视性特征。所谓保障措施,是指进口国在履行国际贸易条约的过程中,由于进口产品大量增加造成国内产业受到一定程度的损害或损害威胁,所暂时采取的进口限制措施。美国保障措施制度按照适用对象的不同可以分为四类:第一类是在非歧视基础上实施的全球性保障措施,通称"201措施";第二类是针对非市场经济国家的保障措施,通称"406措施";第三类是针对中国产品的特殊保障措施,被称为"中国特保措施";第四类是针对中国纺织品和服装的特殊保障措施。

在保障措施问题上,针对中国的两类保障措施制度都明显反映出美国对待中国的歧视性。首先来看"中国特保措施"。"201措施"是根据WTO授权的,它遵循了最惠国待遇原则,而不是针对特定国家的产品;但"中国特保措施"是针对中国而设置的,其针对一国的特征就已经违反了WTO的最惠国待遇原则和非歧视原则。201条款规定,对进口产品实施保障措施必须证明本国产业受到损害,而在"中国特保措施"下,只要WTO其他成员对中国实施保障措施,美国便可在不用调查的情况下,以中国出口产品会发生"转向",从而具有进入美国市场的威胁为由,对中国实施保障措施,这一做法不仅与WTO规则不符,也与《中国加入WTO议定书》中的承诺不符。

再来看针对中国纺织品和服装的特殊保障措施。实施"201措施"的调查、裁定等工作的机构是ITC,而负责实施对中国纺织品保障措施调查的机构是美国商务部下属的纺织品和服装局(OTEXA),具体工作再由OTEXA下属的CITA执行,而CITA要么不去调查就直接做出决定,要么调查过程不透明。OTEXA或CITA在实际操作中,往往寻求与中国政府进行双边磋商的办法解决问题,结果常常是迫使中国政府实行"自愿出口限制"。实际上,OTEXA的最终目的就是在于谋求对中国纺织品重新实施配额限制,以保护国内纺织服装业制造商的利益。

3. 进一步施压

美国的对外贸易政策常常体现出侵略性单边主义的特征,在与贸易伙伴国

第三章 美国对华贸易政策的历史演变和形成因素

开展贸易时常常对伙伴国施压,迫使其做出对美国有利的行动(Krugman,2000)。在对华贸易政策发展的第二阶段,美国已经频繁向中国施压,而到了第三阶段,随着对华贸易逆差的不断扩大,美国则在贸易领域针对一些敏感问题进一步向中国施加压力。

第一个施压的领域是知识产权保护。多年来,美国先后对中国及许多发展中国家宣布使用"特别301条款",而事先却不与这些贸易伙伴磋商。近年来,美国全然不顾中国在知识产权保护方面取得的成绩,从未停止过对中国关于该问题的指责,并且自2001年以来呈愈演愈烈之势。美国每年都要发表一份年度特别"301"报告,多次把中国列入"重点观察国家"名单。在《2003年中国履行WTO承诺报告》中,美国再次指责中国在履行知识产权保护的承诺中缺乏有效的执行力度。这一阶段,美国在知识产权领域向中国施压的另一个重要途径是通过所谓的"337调查"。① 对于遭受调查的中国产品而言,其直接的后果有两种情况:一是经过337调查后,ITC做出普遍禁止进口令,如果总统批准,则涉案的相关产品直接被拦在美国国门之外;另一种情况则是通过努力与发起"337调查"的申请方达成了和解,但其代价却是要支付高额的专利许可费。2004年第三季度,中国的DVD产品被迫收缩出口,其原因就是在遭受"337调查"后被要求每出口一台DVD机要支付6美元的专利许可费。

第二个施压的领域是敦促中国履行入世承诺,加快市场开放和体制改革。中国加入WTO之后,监督中国履行入世承诺成为美国对华贸易政策的重中之重。USTR于2006年2月发布的中美贸易关系报告中指出,除知识产权保护以外,中国还在其他几个重要领域未能有效履行入世承诺:在服务业方面,中国继续通过使用不透明的审批程序,过分繁琐的许可和经营要求以及其他手段来限制外国服务提供者充分进入中国市场;产业政策方面,中国继续通过非中国原产

---

① "337调查"是依据《美国关税法》第337条款,对侵犯美国境内知识产权的产品进口和销售加以禁止的保护性措施,就其本质而言,"337调查"是美国的一项进口救济制度。根据337条款,在可以确定美国存在一个相关产业或正在建立中的产业的条件下,进口到美国或在美国境内销售的产品,侵犯了在美国境内的知识产权的行为,包括仿制美国商品、错误使用美国的标志、侵犯美国的专利等,都将受到限制或制裁。

美国对华贸易政策的决策机制和形成因素

地产品和使用大量政府补贴来促进本国生产增长和出口的方式来限制市场准入;中国未能全部履行 WTO 补贴义务,尤其是禁止性补贴以及依据 WTO 规则和 2005 年中美商贸联合委员会所作的承诺,向 WTO 履行有关补贴的通知义务;还有一些颁布的标准和其他技术规范,这些内容对本国产品十分有利,但对非本国生产的产品却造成了歧视;中国对农产品市场进行选择性干预;中国反倾销法在某些方面与 WTO 的要求不相吻合;实施法律方面缺乏足够的透明度和公平性。这份报告同时指出美国今后将进一步监督中国遵守国际和双边贸易承诺,促使其加快市场开放和各种体制改革。

第三个施压的领域是人民币汇率问题。美国各界把对华贸易的巨额逆差归咎于人民币汇率制度,认为是人民币币值过分低估导致了中国对美出口迅猛增长,而美国对华出口增长缓慢。中国加入 WTO 之后,美国又数次强调双边贸易逆差问题,并迫使人民币升值。在美国的压力之下,中国政府采取了一系列特别的措施来解决巨额顺差问题。但这些措施并未使美国满意,美国对待人民币问题的态度反而更加强硬,数次批评中国的汇率制度,并且为中国设定人民币升值的时限(高乐咏、王孝松,2008)。在美国的重压之下,中国人民银行于 2005 年 7 月 21 日宣布了人民币汇率改革机制,其中最为重要的一项内容就是人民币汇率生成机制,由原先的单一盯住美元变为盯住一揽子货币,此后,人民币不断升值。

第四个施压的领域是纺织品与服装贸易。前文已经从对华贸易政策歧视性的角度进行过分析,这里不再赘述。

总之,"9·11"事件及中国入世之后,美国政府不再视中国为安全威胁,但美国各方也不再将中国视为最亲密的经贸合作伙伴,于是,美国在这一阶段的对华贸易政策已经丧失了鲜明的特征,我们无法判定政策的主流是友好的还是歧视性的,只能说美国对华贸易政策在此阶段兼具友好性、歧视性和敌对性的特征,并朝着更加复杂的方向发展。

二、政策的决策和形成因素

这一阶段,在极为复杂的对华贸易政策背后,隐藏着十分复杂的美国国内形

第三章　美国对华贸易政策的历史演变和形成因素

势,利益集团的利益取向多元化趋势日益加剧,美国的宏观经济形势持续低迷,双赤字政策仍不能使经济高涨,特别地,对华贸易逆差又逐年增大,党派性不断渗透到政治生活当中,强烈地影响着贸易政策的走势,小布什的个人因素也在贸易政策的形成过程中发挥了重大的作用。此外,中国正式成为 WTO 成员以来,经济发展进入了一个崭新的阶段,这也对美国在这一阶段的对华贸易政策产生了极为重要的影响。

1. 利益集团

这一阶段,美国工商业利益集团在中国的利益和挑战发生了重大的变化。在 20 世纪 90 年代,对于美国的工商业利益集团来说,利用中国的廉价劳动力和开辟广阔的中国市场是压倒性因素,不同的工商业组织对此都毫无异议。而在中国入世之后,贸易不平衡、汇率问题、知识产权保护、失业和不公平贸易成为工商业集团更为关注的问题(Nakayama,2006)。

美国工商业集团内部对华态度存在着很大的分歧,中小企业控诉"中国制造"给其造成了严重的损失,而大型跨国公司则在中国建立了越来越多的工厂,前者成为中国"不公平贸易"的主要申诉者,或"中国特保措施"的主要使用者,而后者为了更好地维护自身利益,不断游说政府制定有利于同中国发展经贸关系的政策,其各种游说活动又对政府官员的思想乃至决策产生了极为重要的影响。

工业企业和商业企业对华的态度也明显不同,而且会在较短的时期内发生剧烈的变化,但究其根本,都是为了维护本企业或本集团的利益。2003 年年底,美国家具制造商协会向 ITC 提起对中国家具产品反倾销诉讼,该协会宣称中国出口的家具使美国家具制造商蒙受了巨大的经济损失,家具制造业利润急剧下降、失业问题十分严重。与此同时,美国国内的另一个利益集团——美国家具零售商联合会(FRA)也开始进行反诉讼。FRA 表示,对中国家具的反倾销诉讼,完全是一个阴谋,是美国的家具生产商利用美国政府为自己谋利。代表生产者的美国制造商协会和代表零售商的 FRA 围绕着是否对中国家具征收反倾销税争斗得异常激烈,都极力说服 ITC 做出对自身有利的裁定,但 FRA 毕竟是一个刚刚成立不久的组织,所以在这场斗争中,制造商协会占据了上风。2004 年 1

美国对华贸易政策的决策机制和形成因素

月,ITC 初步裁定,中国家具厂商对美出口的卧室家具价格太低,已经损害了美国生产厂商的利益,中国家具厂商的行为已经构成倾销,于是 ITC 决定对中国的木质卧室家具征收 440% 的高额关税。该案波及范围很广,被列入 ITC 调查黑名单的中国家具企业共有 135 家,涉及的中国产品价值约 10 亿美元。

这一阶段,劳工利益集团内部也发生了显著的分化,而这种分化与意识形态密切相关。一部分劳工团体坚持拥护民主党,对刚刚上台执政的共和党内阁十分不满:他们认为与中国开展贸易对其利益是一个十分严重的威胁,但政府却置其利益于不顾,于是千方百计地游说国会议员,希望能限制同中国开展贸易,从根源上隔绝这个威胁。另一部分劳工团体可以被称为"现实主义者",他们不过分迷信民主党能为其带来更多的福音,而是从实际利益出发,抛弃固有的党派观念,甚至与工商业利益集团进行合作,用不同的方式谋求自己的利益。因而,这部分劳工组织并不认为中国是一个威胁,而是客观地将中国看成一个重要的贸易伙伴,它们甚至倡导同中国开展自由贸易。劳工组织对美国对华贸易政策带来的总体影响是两股势力的汇合产生的合力,这种合力也是导致政策丧失明确目标的重要因素。

2. 经济形势

1991 年第二季度到 2001 年第一季度,美国经济持续增长了将近 10 年,但到了 2001 年 3 月,经济形势发生了逆转,美国经济开始进入了一个衰退期,而突如其来的"9·11"事件更使得本已衰退的美国经济雪上加霜,2001 年第三季度美国经济陷入了 1.3% 的负增长。小布什政府为了刺激经济复苏,采取了一系列扩张性的财政政策和货币政策,这些政策对刺激经济起到了一定的积极作用,美国经济于 2002 年 3 月开始好转,出现了复苏形势,到 2005 年,经济状况得到了较大的改善,各项经济指标显示出良好的态势。但无论小布什政府如何采取扩张的政策,这一阶段美国的就业形势都不见好转,2000 年美国国内失业率为 4.0%,刚进入衰退期的 2001 年失业率达到 4.7%,此后失业率一直维持在较高的水平,2002 年至 2005 年的失业率分别为 5.8%、6.0%、5.5% 和 5.1%(美国总统经济报告,2008),因此这一阶段的经济复苏被人们称为"低就业的复苏"。

第三章　美国对华贸易政策的历史演变和形成因素

由于推行扩张性的财政政策,美国的财政赤字逐年走高,并且占 GDP 的比重也居高不下。如表 3.5 所示,2001 年美国财政盈余 1 282 亿美元,占当年 GDP 的 1.3%,然而从 2002 年以来,一直出现财政赤字,尤其是 2004 年,财政赤字达到了 4 127 亿美元的最高峰,占当年 GDP 的 3.6%。与财政赤字相伴,美国还存在着很大的贸易逆差。表 3.5 还列出了 2001 年至 2005 年美国经常项目逆差的绝对值及其占 GDP 的比重。财政赤字的规模到 2005 年有所减小,而经常项目逆差则在这五年中一路攀升,2005 年的绝对数达到 7 885 亿美元,占 GDP 的比重为 6.32%,这在美国贸易史上是很罕见的。双赤字状态在刺激经济的同时,会引发一系列问题,常常使政策决策者陷入两难境地,而且会导致国外投资者对美国的信心不足,再加上严重的失业问题始终未能得以解决,还会造成公众对政府的不满。

鉴于以上形势,美国各界开始分析造成国内宏观运行不理想的原因,对华贸易逆差的不断扩大便成为许多人纷纷抨击的对象,他们将美国国内的经济困难归咎于对华贸易。

由于美国对华贸易逆差主要在于货物贸易方面,所以表 3.5 中列出了 2001 年至 2005 年美国对华货物贸易逆差的数据。2001 年,美国对华货物贸易逆差约为 832 亿美元,此后一路攀升,到 2005 年逆差扩大为 1 972 亿美元,是 2001 年的 2.37 倍,五年间年均增长率为 24.16%。再来考察这一阶段美国货物贸易逆差总额以及对华货物贸易逆差占其中的比重。同绝对量一样,这个比重也是一路攀升,从 2001 年的 20.24% 上升到 2005 年的 25.73%,也就是说,由于进口中国的产品而造成的美国货物贸易逆差已经超过了四分之一。所以,这一阶段,"平抑对华逆差"成为各方关注的焦点,这对该阶段美国对华贸易政策的走势发生了重要的影响:如前文所述,美国各界认为是中国实行了"不公平贸易"才导致双边贸易不平衡,因此,在与贸易相关的各个领域对华进一步施压便成为校正"不公平贸易"、平抑逆差的需要。[①]

[①] 大多数经济学家都认为美国的贸易逆差是美国国内投资大于国内储蓄造成的,这种宏观经济结构的失衡不是通过反对"不公平贸易"就能得以解决的。

表 3.5　2001 年至 2005 年美国财政赤字及贸易逆差统计

年份	GDP (10亿美元)	财政盈余 (赤字) (10亿美元)	财政盈余 (赤字)/ GDP(%)	经常项目逆差 (百万美元)	经常项目逆差/GDP(%)	货物贸易逆差 (百万美元)	对华货物贸易逆差 (百万美元)	对华货物贸易逆差/货物贸易逆差总额(%)
2001	10 128.0	128.2	1.3	-389 456	-3.85	-410 933	-83 171	20.24
2002	10 469.6	-157.8	-1.5	-475 211	-4.54	-470 291	-103 149	21.93
2003	10 971.2	-377.6	-3.5	-519 679	-4.74	-535 652	-124 139	23.18
2004	11 734.3	-412.7	-3.6	-668 074	-5.69	-651 735	-162 035	24.86
2005	12 479.4	-318.3	-2.6	-788 492	-6.32	-766 561	-197 265	25.73

资料来源：根据 2006 年美国总统经济报告（Economic Report of the President）和美国商务部发布的数据整理。

第三章 美国对华贸易政策的历史演变和形成因素

3. 党派纷争

两党制对美国贸易政策会产生重要的影响。一项贸易政策的出台,要经过国会的辩论,最终由国会以立法的形式颁布出来,而国会是由参议院和众议院组成的,各院又下辖许多专门委员会,委员会中的成员来自于不同党派(当然主要来自于民主党和共和党两大政党),两大政党长期以来各自形成了鲜明的风格,代表着不同利益集团的利益,因此在委员会内部,尤其是众议院各委员会内部,不同党派的委员就常常在很多问题上意见不一。

在近年来国会的贸易议案投票过程中,党派性表现得十分明显:共和党表现出强烈的支持自由贸易的姿态,而民主党则坚持强调"公平贸易",连篇累牍地呼吁加强贸易伙伴的环保、劳工和人权标准。

从众议员对贸易议案的投票结果(表3.6)可以清晰地看出,如今针对自由贸易问题,两大阵营已经形成,民主党时常对自由贸易议案加以否决,或者以加入严格的环保、劳工标准为条件,而共和党成为了坚定的自由贸易者。特别地,一些获得"险胜"的自由贸易议案更是凸显了这种鲜明的党派性。2001年,布什总统希望重新获得快车道授权的议案,众议院以215比214勉强通过。① 其中,共和党(R)投了194张支持票,而民主党(D)仅贡献了21张支持票;相反,有189名民主党议员反对快车道授权议案,而共和党的反对者仅有23人。2002年贸易法案的核心议题仍然是授予布什总统快车道权力,这次,民主党有25人支持、183人反对,而共和党有190人支持、27人反对——布什总统仅仅依靠共和党议员而获得了快车道授权。

---

① 快车道授权(Fast-track Procedures):这项由《1974年贸易改革法》制定的立法程序规定,当总统正式向国会提交议案、要求履行一项与非关税贸易壁垒有关(并且由该法案授权谈判)的协议时,参众两院必须在90天内对该议案进行表决,并且该议案不允许修订。

美国对华贸易政策的决策机制和形成因素

表 3.6 2001 年以来重要贸易议案的投票结果

年份	议案	赞成	赞成(D)	赞成(R)	反对	反对(D)	反对(R)
2001	快车道授权	215	21	194	214	189	23
2002	2002 年贸易法案	215	25	190	212	183	27
2003	建立美国—智利 FTA	270	75	195	156	128	27
2003	建立美国—新加坡 FTA	272	75	197	155	127	27
2005	建立(CAFTA)	217	15	202	215	187	27
2006	建立美国—阿曼 FTA	221	22	199	205	176	28
2007	贸易调整援助(TAA)计划	264	226	38	157	2	155
2008	推迟与哥伦比亚建立 FTA 的考虑	224	218	6	195	10	185

资料来源:作者根据美国国会图书馆的相关记录整理。

同样,建立 CAFTA 议案也是"险胜"的典型。众议院的最终投票结果为 217 比 215,仅有 15 名民主党人支持 CAFTA 的建立,而来自共和党的支持票达到了 202 张,才使得议案最终通过。

这一阶段,美国的党派纷争异常激烈,在很大程度上影响了美国对华贸易政策的走势。事实上,在美国商业和政治结构中有一些持续性因素限制了两党在贸易问题本身的两极分化的趋势,而两党内部的小团体的出现也制约了两极分化,于是从 20 世纪 70 年代到 2001 年之前,美国国内的党派纷争趋于缓和。举例来说,2000 年关于给予中国 PNTR 地位的辩论,是克林顿在任期间美国发生的最后一件贸易大事。在这次辩论中,两党的很多成员均表现出愿意互相合作的姿态,最终总统的建议在众议院以 237 对 197 票的绝对优势获得了通过(戴斯勒,2005)。

然而,此后情况发生了变化,进入 21 世纪以来,两党间的宿怨不断激化,党派纷争愈演愈烈,而这一时期国会议员的个人主义之风盛行,又使得两党间在贸易问题上的争斗呈现出不同于以往的新特点,并直接影响到对华贸易政策的形成。2004 年,参议员 Schumer 和 Graham 提出了一项议案,要求向来自中国的进口商品征收 27.5% 的临时附加税,目的是迫使中国调整人民币汇率,在一次程序性表决中,有 67 位参议员对此议案投出了赞成票。民主党人在此前的一段时

第三章 美国对华贸易政策的历史演变和形成因素

期里,一直对中国的贸易与汇率政策以及美国政府的软弱反应进行批评,而大多数共和党人却不以为然,他们在一定程度上坚持了扩大贸易的信条,认为同中国开展贸易对美国是有利的,于是在一些限制对华贸易议案的辩论中,两党议员常常针锋相对,无法达成一致意见,致使这些议案胎死腹中。但与此同时,一些共和党人也指责由于停止实施"多种纤维协定"所规定的配额而导致的中国纺织品大量涌入美国,呼吁限制对华贸易。这样,共和党内部发生了较大的分歧,这就使得两党议员中扩大对华贸易的反对者占了多数,前文所述的67位参议员赞成对中国进口商品征收临时附加税的事实就是其具体体现。

由此可见,美国国内的党派纷争有时使对华贸易政策朝着友好的方向发展,而有时却使政策充满敌意,但总体来看,党派纷争是自由贸易的大敌,会阻碍中美贸易的健康发展。

5. 中国因素

这里所谓的"中国因素"包括两层含义。一是中国正式成为WTO成员后,美中之间的贸易关系有了一个稳固的法律基础,在解决贸易摩擦时可以在WTO框架下进行,但由于《中国加入WTO议定书》规定了中国的非市场经济地位和"中国特保措施",为美国实施歧视性对华贸易政策提供了便利。二是中国入世后,经济发展具有了一些新的特点,从而使美国对华贸易政策产生了一些新的调整。

根据中美两国签订的中国加入WTO的双边协议书,美国可以维持其目前的反倾销方法,而该方法将中国作为非市场经济国家对待。"非市场经济国家条款"是《中国加入WTO议定书》中专门确定中国出口产品是否具有倾销或补贴行为的条款,有效期为15年。与该条款相对应的是"替代国"政策,根据该政策,在计算中国产品的倾销幅度时,不是将中国产品的出口价格与其国内市场上同类产品的正常价值进行比照,而是选择一个实行市场经济的第三国,以该国国内市场上同类产品的正常价值代替中国国内市场上同类产品的正常价值,由此来确定中国产品的倾销幅度。而"替代国"政策存在着很多的不确定性,前文提到的美国对华征收的反倾销税率普遍高于别国,就是由于美国随意选取替代国,

美国对华贸易政策的决策机制和形成因素

导致计算出的倾销幅度很大造成的。

同样,"中国特保措施"也是双边协议书的产物。中国入世前,美国一直把中国视为非市场经济国家,针对中国产品适用的保障措施是"406 措施",在中美关于中国入世的双边谈判中,美国仍坚持认为中国不是一个完全的市场经济国家,经过双方的斗争与妥协,双边议定书中写入了关于"对中国产品过渡性保障机制"的规定。按照该规定,美国同意不再对中国歧视性地使用"406 措施",但是坚持在中国加入 WTO 后的 12 年内,对中国产品采取一种与"406 措施"相似的特殊保障措施。2002 年至 2008 年,美国总共六次使用"中国特保措施"对中国产品进行调查,尽管这些申诉最终都没有导致对中国产品施加额外的贸易壁垒,但 WTO 规则已经呈现出对反倾销的使用增加限制的趋势,作为应对措施,美国会寻求替代方法来限制从中国的进口,"中国特保措施"将会越来越多地被派上用场并发挥更大的作用。

随着中国经济的持续发展,其产业结构不断升级,中国入世之后,高新技术产品的出口不断增多,使美国国内产生恐慌。ITC 发布的数据显示了美国从中国进口的产品结构的变化:2000 年,美国从中国进口产品的前五项依次为:制成品杂项(玩具等)、鞋制品、计算机设备、服装和音响设备,占进口额的 47%;而到了 2004 年,进口产品前五项依次为:计算机设备、制成品杂项、音响设备、鞋制品和服装,占进口额的 43.8%。这使我们看到:一方面,美国从中国的进口主要集中在少数几种产品上,这几种产品占据了进口的很大份额,而且都集中于美国国内的敏感行业;另一方面,作为高新技术产品的计算机设备已经成为美国从中国进口的最大宗产品。其实,中国各类产品在美国的市场占有率均不断提高,但计算机设备在美国市场占有率的提高对美国构成的威胁最为严重,因为美国在该产品上一直具有比较优势。显然,中国的高新技术产品不仅会在美国市场上与美国同类产品竞争,而且会同美国产品在世界市场上抢占份额。为了全力打压中国产品出口强劲增长的势头,维护本国产品的市场份额,美国政府选择了歧视性的对华贸易政策,并不断在与贸易相关的各个领域对中国施压。

从中国入世至今,美国利益集团的利益取向多元化的趋势日益加剧,不同的工商业组织都有各自特定的利益取向,对华态度存在着很大的分歧,再加上党派因素、经济形势因素、总统个人因素以及中国自身的因素,导致这一阶段美国对华贸易政策错综复杂。可以预见,今后中美双边贸易的发展注定不会是一番坦途,美国对华贸易政策仍会兼具友好性、歧视性和敌对性的特征,并朝着更为复杂的方向发展。

第四节 本 章 结 论

美国对华贸易政策的发展历史可以分为三个阶段:从 1979 年到 1989 年为第一阶段,美国在此期间主动采取了极为友好的对华贸易政策;1989 年到 2001 年为第二阶段,美国对华贸易政策在此期间仍然呈现出友好的态势,但这种友好性是被动的,双边贸易的很多矛盾不断激化;第三阶段是从 2001 年中国加入 WTO 至今,美国对华贸易政策丧失了明确的特征,并且更加复杂多变。

在第一阶段,由于中国改革开放政策使中国经济健康发展,以及中国在美国全球战略中地位的提高,美国主动采取了友好的对华贸易政策,大力发展同中国的贸易往来,并在中美经贸往来中给予中国一定的优惠政策。这一时期,美国的战略需要是形成对华贸易政策的主导因素,而利益集团的影响作用较小,可称之为"边际地"影响了对华贸易政策的决策和形成。

1989 年后,美国对中国实行了一系列经济制裁行动,美国对华贸易政策在第二阶段也发生了重大的变化:总体友好,但趋于复杂,并且这种友好性是被动的。在该阶段,美国国内的利益集团在美国对华贸易政策的决策过程中发挥了越来越重要的作用,而在各种利益集团的斗争中,支持对华贸易的工商业利益集团占据了上风,他们有效地游说政府官员,使美国对华贸易政策朝着有利于双边贸易的方向发展。美国政府也基于自身的战略考虑,逐步地采取一些有利于双边经贸发展的政策,而美国对中国产品和市场的依赖以及外部制度的约束也导

美国对华贸易政策的决策机制和形成因素

致美国未能放弃友好性的对华贸易政策。

中国入世之后,中美各自的经济发展以及双边贸易都呈现出一些新的特点,美国国内的利益集团也呈现出利益取向多元化的局面,加之美国国内党派性日益增强,这一阶段美国对华贸易政策变得愈发扑朔迷离,表现为友好性、歧视性和敌对性并存的局面。美国对华贸易政策如今已经丧失了明确的特征,变得难以把握,鉴于此,我们今后要更加深入、细致地窥探其对华贸易政策的细微变化,揭示出其中的规律,以更好地指导中美贸易的实践。

第四章 直接立法和权力委派下的美国对华贸易政策
——一个包含政治捐资和选举支持的内生保护模型

根据现实世界中美国对华贸易政策的决策特点和影响机制,本章通过在 Grossman 和 Helpman(1994)的"保护待售"模型中纳入执政者谋求竞选支持和进行权力委派的因素,考察了执政者、行政机构同各类选民互动,最终决定贸易政策的机制与过程。通过纳入一系列反映竞选支持和权力委派的变量,我们发现均衡的美国对华贸易政策具有如下特点。对于政治上有组织的行业来说,其所获得的贸易保护水平同其包含的选民数量占全体选民的比重无关;政治上无组织行业的保护水平同其选民比重之间的关系取决于执政者赋予全体国民福利的权重、政治捐资对不知情选民的影响作用以及利益集团的人口比重。政治上有组织行业的保护水平同政治捐资的影响作用之间的关系取决于执政者赋予国民福利的权重;政治上无组织的行业所获得的保护水平则总是同捐资的影响作用负相关。当行政机构具有"自利"本性时,其制定的贸易保护水平高于执政者直接制定的水平。综合来看,政治上有组织的行业更容易获得贸易保护,其所获得的保护水平也往往更高。

第一节 研究背景和思路

本章的内生保护模型建立在一系列已有的研究成果之上,其中包括贸易政策内生模型、选举模型和探究权力委派问题的模型。

美国对华贸易政策的决策机制和形成因素

20世纪80年代以来,一些学者建立了正式的理论模型来描述代议制民主国家中均衡贸易政策的内生过程。Findlay和Wellisz(1982)分析了利益相抵触的两个集团如何通过游说等院外活动来促使关税形成,从而构造了一个关税内生化的一般均衡模型;Hillman(1982)假定政府的首要目标是得到全社会在政治上的支持,因此它在利益集团和消费者的政治支持之间进行权衡,从而得出关税率是政府进行权衡之后的选择;在Magee、Brock和Young(1989)的模型中,竞争的政党之间宣布其当选之后将要实施的贸易政策,有组织的利益集团评估其成员在各种政策下的福利状况并向对其最有利的政党提供政治捐资(Political Contributions),政党使用捐资来影响选民,争取选票,政党、利益集团和公众之间在关税政策上的非合作博弈形成两阶段子博弈精炼纳什均衡,其中在支持自由贸易或保护贸易的政党、利益集团和公众之间是斯塔克尔伯格均衡,在政党间和利益集团间是纳什均衡。

Grossman和Helpman(1994)建立了"保护待售"(Protection for Sale)模型,描述了利益集团同政府之间进行两阶段非合作博弈,最终形成贸易政策的过程,其结论是:一国政府对各行业的保护水平取决于不同行业的进口弹性、进口渗透率(的倒数)以及是否能有效地组成利益集团。该模型生动地刻画了代议制民主下贸易政策的内生过程,其结论也得到了众多经验检验的支持(如Goldberg和Maggi,1999;Gawande和Bandyopadhyay,2000;李坤望、王孝松,2008),是迄今为止贸易政策政治经济学领域中最具影响的理论模型。然而,"保护待售"模型最大的缺陷在于其并未考虑选举竞争的因素(余淼杰,2009),执政者的目标函数中只包含政治捐资和全体国民福利两部分。在现实世界中,执政者必然会谋求在竞选中获得支持从而取得连任,因此,贸易政策的决策过程包含执政者对竞选支持的考虑,关税内生模型中纳入选举因素才能更为深入地揭示现实。

一些学者建立起理论模型,描述政府谋求选举概率最大化的目标同其制定的公共政策之间的关系,成为新政治经济学领域的又一重要分支。Downs(1957)通过引入理性的选民和政党来分析政党如何进行政策决策。他假定政党的唯一目标是选举概率最大化,而只有争取中间选民才能实现这一目标,那么

第四章 直接立法和权力委派下的美国对华贸易政策

政党必须将政策调整到政策空间的中点位置。这就意味着不同政党实行的政策会趋同。在 Downs 模型出现之后，"趋同"的选举竞争模型又取得了新的进展：Lindbeck 和 Weibull(1987)加入了随机性选举，Austen-Smith(1987)加入了利益集团游说，其结论仍然支持两党政策将会趋同的假说。Baron(1994)考察了存在知情选民(Informed Voters)和不知情选民(Uninformed Voters)情况下的选举竞争，发现政策类型的不同会导致两党均衡政策的显著差异。

Mayer(1984)将中间选民理论引入对贸易政策决策过程的分析，他假定每个选民依据各自拥有要素的产权组合计算出自己的最优关税率，而国家的贸易政策(关税率)由公民投票直接决定，所以在没有投票成本时，中间选民的最优关税率就是国家的关税率。[①] Yu(2007)在 Heckscher-Ohlin 框架下建立了贸易中间选民模型，发现在考虑了特殊利益集团的影响和选民之间的不对称信息之后，传统的中间选民命题将不再成立。上述文献都为理解选举竞争对公共政策决策的影响机制提供了有益的洞察，但正如 Dixit 和 Londregan(1996)所言，选举模型都将选举竞争限定在两个政党之间进行，而且关于选民偏好分布的假设对模型结论有着至关重要的影响。

在现实中，贸易政策不一定由立法机构通过立法活动来制定，很多情况下是由立法机构委派给行政机构或准司法机构来进行决策(Destler,1995)。[②] 如果立法者能通过制定贸易政策来获得利益集团的政治捐资，即"出售"贸易政策，那么他们为何还要将制定贸易政策的权力转移给其他部门而丧失获得捐资的机会呢？如果仅仅认为政府机构的管辖范围过于宽大，立法者会将有限的资源用于处理一部分议题，那么哪些具体的政策由其自己来制定，哪些政策将会委派给其他部门呢？为了回答这些问题，有关权力委派(Delegation)的文献又应运而生。Epstein 和 O'Halloran(1999)建立了权力委派的交易成本模型，将国会委派

[①] 如果根据选民对关税率高低的不同偏好，将所有选民排成一条直线段，选民所期望的关税率从左至右逐渐升高，那么所谓中间选民，就是恰好位于直线段中点的选民。

[②] 例如美国的反倾销裁定，作为行政机构的国际贸易署(ITA)裁定是否存在倾销，独立的准司法机构国际贸易委员会(ITC)裁定是否构成损害，当两个机构均得出肯定的裁定结果时，反倾销税将被征收。

美国对华贸易政策的决策机制和形成因素

或自己制定政策的决策类比于厂商购买或自己生产产品的决策,认为当议题的技术性较弱、再分配效应显著时,国会倾向于自己制定相关政策。Mayer(1999)认为政府既运用相对稳定的关税政策,又将随意性很强的贸易救济措施委派给其他部门,是为了应对世界价格和生产率的冲击,使国内价格更具灵活性。Alesina 和 Cuckierman(1990)则从选举竞争的角度考虑委派行为,指出其进行委派的动机是为了隐藏政策偏好,从而获得更多选民支持。Aragones 和 Neeman(2000)假定候选人进行政策承诺是有成本的,指出候选人为赢得胜利,在选举活动中可能会对一些具体政策含糊其辞。Anderson 和 Zanardi(2004)认为执政者(incumbency)揭示其政策偏好可能会使一些利益集团不满从而将政治捐资捐献给竞争对手,而权力委派则掩盖了自己的政策偏好从而阻碍竞争对手获得捐资,是一种转移政治竞争压力的手段。

本章的研究吸收了上述三方面文献的研究成果,在 Grossman 和 Helpman(1994)的"保护待售"模型的框架下,纳入执政者谋求在竞选中获胜的因素,考察执政者同各类选民之间互动,最终决定贸易政策的机制与过程,在此基础上又纳入权力委派的因素,考察不同机构所制定的贸易政策存在的差异。相比于以往文献,本章有以下创新之处。第一,Grossman 和 Helpman(1994)的政府目标函数中包含全体国民福利和政治捐资两部分,可以认为,获取政治捐资是政府的"终极"目标之一,而我们的模型中,在竞选中获胜才是政府的一项"终极"目标,政治捐资仅仅是影响选民、争取选票的一种工具,由于我们明确考虑了执政者谋求竞选支持的因素,所以是对"保护待售"模型的重要推进。第二,在我们的模型中,政策制定者既和利益集团博弈,又同不知情选民、未组成利益集团的特定要素所有者互动,最终决定贸易政策,从而考察了贸易政策决策过程中更多的因素,与现实更为接近。① 第三,研究权力委派的文献大多是考察国会将权力转移的原因以及转移的内容,据我们所知,尚未有文献考察直接制定的政策和通过委派制定的政策之间的差异,本章将率先在此方面进行突破。第四,贸易政策政治

---

① 在我们的模型中,不知情选民为只拥有劳动而不拥有特定要素的选民。

第四章 直接立法和权力委派下的美国对华贸易政策

经济学的文献中,根据对政府目标的假定不同,政府可被分为"仁慈"的、"自利"的等多种类型(盛斌,2001),由于本章新纳入了重要的结构参数,因而在比较静态分析中,可以刻画出各种"类型"的政府最终制定出的贸易政策,比"保护待售"模型描绘的图景更为广阔。此外,在描述选举竞争方面,我们的模型不依赖于对选民偏好分布的假设,而是用选民的福利状况来衡量其对执政者的支持程度,这是一种更为简洁而有效的处理方法。

本章由六部分组成。第二部分为基本模型的构建,第三部分求解出执政者亲自制定政策时的均衡保护水平,第四部分通过比较静态分析,考察竞选支持因素对贸易政策的影响,第五部分考察权力委派条件下的均衡贸易政策,第六部分为结论性评述。

第二节 基本模型

本章模型的基本架构来源于 Grossman 和 Helpman(1994),在此基础之上,我们引入执政者对赢得选举从而连任的考虑,在新的背景下更为全面地描绘出政府和各类选民互动、最终形成均衡贸易政策的过程。在我们的模型中,特定要素的所有者是知情的选民,他们在选举中会根据自己所获得的福利状况决定是否将手中的选票投给执政者(而不是挑战者)。其中组成利益集团的特定要素所有者还将为执政者提供政治捐资。[①] 执政者制定贸易政策时考虑两方面因素,一是整个国家的福利水平,二是自己获得连任的概率。贸易政策会影响知情选民的福利,从而影响他们的捐资数额和选票的归属,而执政者又可以用获得的捐资去影响那些不知情选民,争取更多的选票。当然,有利于捐资提供者的贸易政策可能会使整个国家的福利水平下降,政府作最终决策时即在这两者之间进

[①] 注意,在本章中,下述说法是等价的:组成利益集团的行业;政治上有组织的行业;提供政治捐资的行业。

美国对华贸易政策的决策机制和形成因素

行权衡。在一些时候,执政者制定的贸易政策会引起众多利益集团的不满,这一方面会丧失来自利益集团的选票,另一方面会导致利益集团将政治捐资捐献给挑战者从而使执政者失去不知情选民的选票,在这样的情况下,执政者将会把贸易政策的决策权委派给行政机构或准司法机构(以下简称为行政机构),而行政机构会根据自身的收益和一定的信念来最终决定贸易政策。

一、消费者行为

在一个小国开放经济中,全部人口数量为 N[①],每个人的偏好相同,但要素禀赋不同,个人的效用函数为:

$$u = x_0 + \sum_{i=1}^{n} u_i(x_i) \tag{4.1}$$

x_0 为第 0 种商品(计价物商品)的消费量,其世界价格和国内价格均为 1。经济中有 n 种非计价物商品,x_i 表示第 i 种商品的消费量。定义 p_i 和 p_i^* 分别为第 i 种商品的国内价格和世界价格,第 i 种商品的个人需求函数为 $x_i = d_i(p_i)$,其中 $d_i(\cdot)$ 为 $u_i'(x_i)$ 的反函数,且每个人的消费支出为 E,则每个人消费的计价物商品的数量为 $x_0 = E - \sum_i p_i d_i(p_i)$。

个人的间接效用函数具有如下形式:

$$V(p,E) = E + s(p) \tag{4.2}$$

其中 $p = (p_1, p_2, \cdots p_n)$ 为本国非计价物商品的价格向量,而 $s(p) = \sum_i u_i[d_i(p_i)] - \sum_i p_i d_i(p_i)$ 为消费者剩余。

二、生产者行为

在供给方面,计价物品的生产只需要劳动投入,劳动供给是无限的,且投入产出系数为 1,则在竞争均衡中工资率也为 1。每一种非计价物商品的生产不仅

---

① 更为确切地说,N 为全体选民的数量。

第四章　直接立法和权力委派下的美国对华贸易政策

需要劳动,还需要一种特定要素的投入。假设各种特定要素的供给缺乏弹性,各种商品生产的规模收益不变。由于劳动力作为共同生产要素在各行业之间是自由流动的,其工资率固定为1,这样,用于生产第 i 种商品的特定要素的报酬取决于商品的国内价格,该报酬记为 $\pi_i(p_i)$。由 Hotelling 引理可知, $y_i(p_i) = \pi_i'(p_i)$ 为产品 i 的供给函数。

特定要素的所有者,基于其共同利益,可能会组成利益集团进行政治活动,要求政府对使用他们所拥有的特定要素的行业提供关税保护或补贴支持。我们把组成利益集团的行业集合定义为 L,集合 L 中的行业动用政治捐资来游说政府,影响其决策;如果 L 不包含全部 n 个行业,则 L 之外的行业就未能组成利益集团,不能对政府决策产生影响。此外,部分个人只拥有劳动,而不具备某种特定要素,这些人也不具备影响政策的能力。

三、选民行为

根据已有文献(Baron,1994;Grossman 和 Helpman,1996;Bombardini 和 Trebbi,2007),我们将全部选民分为两类,知情选民和不知情选民。其中组成利益集团的特定要素所有者既是知情选民,又为执政者提供政治捐资,其所付出的捐资水平随政府实施的贸易政策向量而定,在小国假定之下,贸易政策向量与国内价格向量对捐资的影响作用是等价的,于是政治捐资就可以表示成国内价格向量的函数,形成所谓的"捐资表"(Contribution Schedule),第 i 个行业的"捐资表"用 $C_i(\boldsymbol{p})$ 表示。利益集团以实现其成员的福利(收入加消费者剩余再减去捐资)最大化为目标,据此来确定捐资额度,在决策过程中,各集团将其他集团的"捐资表"当成给定的。与此同时,利益集团中的选民会根据自己的福利状况来决定在竞选中将选票投给执政者还是挑战者,我们可以用(4.3)式来表示执政者从利益集团那里获得支持的程度:

$$\sum_{i \in L} \alpha_i [W_i(\boldsymbol{p}) - W_i(\boldsymbol{p}^*) - C_i(\boldsymbol{p})] \qquad (4.3)$$

其中 α_i 为行业 i 中的选民数量占选民总数的比例。(4.3)式的中括号内的表达式可以理解为行业 i 的"净福利升水",即在当前执政者执政的情况下,其所获得的福利与自由贸易条件下获得的福利之差。① 假定在一个行业内部，全部选民的政治倾向是一致的，则 α_i 与行业 i 的"净福利升水"相乘就表明了行业 i 对执政者的支持力度。

知情选民当中还包含利益集团之外的特定要素所有者，他们也会根据自身的福利状况来决定在竞选中将选票投给谁，我们用式(4.4)来表示执政者从这些行业的选民那里获得选举支持的程度：

$$\sum_{i \notin L} \alpha_i [W_i(p) - W_i(p^*)] \tag{4.4}$$

(4.4)式中各变量的含义同(4.3)式相同，只是代表那些未组成利益集团的非计价物行业。

只拥有劳动的选民，即不知情选民，其投票决策主要受执政者经济实力的影响，执政者从利益集团那里获得的捐资越多，不知情选民认为其实力越强，越倾向于将选票投给执政者，因此，我们可以用 $\beta \sum_{i \in L} C_i(p)$ 来表示执政者从不知情选民那里获得支持的程度，β 即为一单位政治捐资可以为执政者从不知情选民那里获得的选票增加数。②

四、政府行为

沿袭 Grossman 和 Helpman(1994)的假定，政府只使用贸易税和补贴来进行干预。由于政府的干预，国内价格和世界价格发生偏离。如果一种商品的国内价格高于世界价格，就意味着政府对该商品征收了进口关税或给予了出口补贴；反之，若一种商品的国内价格低于世界价格，意味着政府对该产品征收了出口关税或给予了进口补贴。把净税收收入定义为税收收入减去补贴支出之差，则人均净税收收入为：

$$r(p) = \sum_i (p_i - p_i^*)\left[d_i(p_i) - \frac{1}{N} y_i(p_i)\right] \tag{4.5}$$

---

① 这样的表达式隐含着两个假定：一是利益集团考察自身福利状况的参照基准是自由贸易条件下的福利水平；二是政府不实施贸易干预政策时，利益集团不为其提供政治捐资。这两个假定是自然的。

② 那么，$1/\beta$ 即为从不知情选民那里获得的一张选票的价格。

第四章 直接立法和权力委派下的美国对华贸易政策

假定政府把净税收收入作为转移支付平均分配给每一个人,则个人的收入就由工资和政府转移支付构成,当然,特定要素所有者还会有特定要素的收益。显然,特定要素 i 的所有者的收益主要是由商品 i 的国内价格决定的,他们与政府对商品 i 的税收或补贴有直接的利害关系。令 l_i 为行业 i 的劳动供给,则特定要素 i 的所有者的福利水平为:

$$W_i(\boldsymbol{p}) = l_i + \pi_i(p_i) + \alpha_i N[r(\boldsymbol{p}) + s(\boldsymbol{p})] \tag{4.6}$$

类似地,可以定义社会总福利,它由劳动总收入、特定要素总收入、政府转移支付和消费者剩余之和这四部分组成,表达式如下:

$$W(\boldsymbol{p}) = l + \sum_{i=1}^{n} \pi_i(p_i) + N[r(\boldsymbol{p}) + s(\boldsymbol{p})] \tag{4.7}$$

其中 l 为社会的劳动总供给,由于工资率为 1,则显然劳动总收入也为 l。

这样,如果执政者既考虑全体国民的福利,又考虑自己在竞选中获胜的概率,则其目标函数具有如下形式:

$$G = \beta \sum_{i \in L} C_i(\boldsymbol{p}) + \sum_{i \in L} \alpha_i [W_i(\boldsymbol{p}) - W_i(\boldsymbol{p}^*) - C_i(\boldsymbol{p})] \\ + \sum_{i \notin L} \alpha_i [W_i(\boldsymbol{p}) - W_i(\boldsymbol{p}^*)] + aW(\boldsymbol{p}) \tag{4.8}$$

其中 a 为非负数,表示相对于自己在选举中获胜从而获得连任的愿望,政府对全社会福利的相对重视程度。这两部分之间存在着此消彼长的关系,因而如何制定贸易政策对二者进行权衡,是执政者最大化其目标函数的关键所在。

在一些情况下,执政者认为直接制定贸易政策会失去捐资和选民从而不利于自己在选举中获胜,于是将制定贸易政策的权力委派给行政机构。在第三和第四部分,我们考察的都是执政者亲自制定贸易政策的情形,第五部分将考察权力委派条件下,行政机构制定的贸易政策。

第三节　直接立法下的均衡贸易政策

一、均衡政策的求解过程

一个执政者同多个利益集团进行的博弈具有"菜单拍卖"(menu-auction)的结构[1]，该非合作博弈分为两个阶段。第一，利益集团之间在"捐资表"上达成关于政治捐资的纳什均衡；第二，政府在给定的政治捐资基础上再决定各种商品的最优价格（也即贸易政策）。其中，利益集团的决策依据是该集团（行业）的福利最大化，政府的决策依据是使政府目标函数，即(4.8)式最大化。

根据 Bernheim 和 Whinston(1986) 给出的引理，我们可以得出，当且仅当如下条件成立时，$(\{C_i^0\}_{i \in L}, \boldsymbol{p}^0)$ 才是一个子博弈精炼纳什均衡：

(1) 对于所有 $i \in L, C_i^0$ 是可行的；

(2) $\boldsymbol{p}^0$ 使 $\beta \sum_{i \in L} C_i(\boldsymbol{p}) + \sum_{i \in L} \alpha_i [W_i(\boldsymbol{p}) - W_i(\boldsymbol{p}^*) - C_i(\boldsymbol{p})] + \sum_{i \notin L} \alpha_i [W_i(\boldsymbol{p}) - W_i(\boldsymbol{p}^*)] + aW(\boldsymbol{p})$ 最大化；

(3) 对于每个 $j \in L, \boldsymbol{p}^0$ 可以使 $W_j(\boldsymbol{p}) - C_j^0(\boldsymbol{p}) + \beta \sum_{i \in L} C_i(\boldsymbol{p}) + \sum_{i \in L} \alpha_i [W_i(\boldsymbol{p}) - W_i(\boldsymbol{p}^*) - C_i(\boldsymbol{p})] + \sum_{i \notin L} \alpha_i [W_i(\boldsymbol{p}) - W_i(\boldsymbol{p}^*)] + aW(\boldsymbol{p})$ 实现最大化。

条件(1)说明各利益集团的捐资计划必须是可行的，既要满足非负性，又要小于本集团的收入水平。条件(2)的含义是给定利益集团的捐资水平，政府谋求在选举中获胜的概率同社会福利之和实现最大化。条件(3)要求，对于每个游说集团 $j \in L$，给定其他集团的均衡捐资计划，均衡的价格向量最大化政府目标函数和利益集团福利的和，这是因为均衡的贸易政策对于利益集团和政府来说

---

[1] "菜单拍卖"指多个投标人同时递交投标"菜单"，拍卖人根据投标菜单最大化自身的目标函数。

第四章　直接立法和权力委派下的美国对华贸易政策

都无法获得进一步的改进,已经使二者同时达到了最大化。

如果利益集团的捐资函数是可微的,则对条件(2)和(3)中的表达式求解一阶条件,联立后经过整理可以得到,对于所有 $i \in L$,有:

$$\nabla C_i^0(\boldsymbol{p}^0) = \nabla W_i(\boldsymbol{p}^0) \quad (4.9)$$

对(4.8)式求解一阶条件,再代入(4.9)式可得:

$$\beta \sum_{i \in L} \nabla W_i(\boldsymbol{p}^0) + \nabla \sum_{i=1}^{n} \alpha_i W_i(\boldsymbol{p}^0) - \sum_{i \in L} \nabla \alpha_i W_i(\boldsymbol{p}^0) + a \nabla W(\boldsymbol{p}^0) = 0 \quad (4.10)$$

由(4.6)式可以求出贸易政策的变动对各行业福利的边际影响,即:

$$\frac{\partial W_i}{\partial p_j} = (\delta_{ij} - \alpha_i) y_j(p_j) + \alpha_i (p_j - p_j^*) m_j'(p_j) \quad (4.11)$$

其中 $m_j(p_j) = N d_j(p_j) - y_j(p_j)$ 为商品 j 的净进口需求函数, δ_{ij} 为指示变量,如果 $i = j$,其值为 1,否则为 0。由(4.11)式可知,商品 i 的价格偏离自由贸易价格的程度越高,行业 i 的福利越高,这就证实了我们对知情选民投票行为假设(即(4.3)、(4.4)两式)的合理性。①

利用(4.11)式,对所有 $i \in L$ 的行业的边际影响进行加总,可以得到:

$$\sum_{i \in L} \frac{\partial W_i}{\partial p_j} = (I_j - \alpha_L) y_j(p_j) + \alpha_L (p_j - p_j^*) m_j'(p_j) \quad (4.12)$$

其中 $I_j = \sum_{i \in L} \delta_{ij}$ 为指示变量,如果行业 j 组成了利益集团,其值为 1,否则为 0。$\alpha_L = \sum_{i \in L} \alpha_i$ 为组成利益集团的各行业的选民占全体选民的比例。

通过对(4.6)式进行变换并求微分,还可以得到(4.13)式和(4.14)式:

$$\frac{\partial \sum_{i=1}^{n} \alpha_i W_i}{\partial p_j} = \alpha_j [(1 - \alpha_j) y_j(p_j) + \alpha_j (p_j - p_j^*) m_j'(p_j)] \quad (4.13)$$

$$\sum_{i \in L} \frac{\partial \alpha_i W_i}{\partial p_j} = (I_j \alpha_j - \sum_{k \in L} \alpha_k^2) y_j(p_j) + \sum_{k \in L} \alpha_k^2 \times (p_j - p_j^*) m_j'(p_j) \quad (4.14)$$

另外,根据(4.7)式,我们可以得到:

---

① 回忆 74 页脚注①中的注解。

$$\frac{\partial W}{\partial p_j} = (p_j - p_j^*) m_j'(p_j) \quad (4.15)$$

二、均衡结果及分析

将(4.12)式至(4.15)式代入(4.10)式,可以解出均衡时的国内价格。用上标 0 表示各变量在均衡时的取值,定义均衡时从价关税(或补贴)$t_i^0 = (p_i^0 - p_i^*)/p_i^*$,我们得到政府既考虑全体国民福利,又考虑竞选获胜背景下的均衡贸易政策:

$$\frac{t_i^0}{1+t_i^0} = \frac{(\beta - \alpha_i) I_i - \beta \alpha_L + \alpha_i - \alpha_i^2 + \sum_{j \in L} \alpha_j^2}{a + \beta \alpha_L + \alpha_i^2 - \sum_{j \in L} \alpha_j^2} \times \frac{z_i^0}{e_i^0}, \text{对于 } i = 1, 2, \cdots, n$$

(4.16)

其中 $z_i^0 = y_i(p_i^0)/m_i(p_i^0)$ 为均衡时国内产量与进口额之比(负值为国内产量与出口额之比),$e_i^0 = -m_i'(p_i^0) p_i^0/m_i(p_i^0)$ 为进口需求弹性(正值)或出口供给弹性(负值)。

同 Grossman 和 Helpman(1994)命题 2 中的表达式相比,(4.16)式稍显复杂,这是因为我们的模型中纳入了执政者谋求在竞选中获胜的因素,因而引入了两个新的结构参数,β 和 α_i。为了使均衡解的形式更为简洁,我们分别考察政治上有组织和政治上无组织的两类行业获得的保护水平,即 $I_i = 1$ 和 $I_i = 0$ 两种情形:

$$\frac{t_i^0}{1+t_i^0} = \frac{\beta - \beta \alpha_L + \sum_{j \neq i \in L} \alpha_j^2}{a + \beta \alpha_L - \sum_{j \neq i \in L} \alpha_j^2} \times \frac{z_i^0}{e_i^0}, \quad i \in L$$

$$\frac{t_i^0}{1+t_i^0} = \frac{-\beta \alpha_L + \alpha_i - \alpha_i^2 + \sum_{j \in L} \alpha_j^2}{a + \beta \alpha_L + \alpha_i^2 - \sum_{j \in L} \alpha_j^2} \times \frac{z_i^0}{e_i^0}, \quad i \notin L \quad (4.17)$$

由(4.17)式可见,纳入选举竞争因素时,均衡解仍然具备原始的"保护待售"模型的基本性质。概括地说,在结构参数一定的前提下,一国对各行业的保

第四章　直接立法和权力委派下的美国对华贸易政策

护水平取决于不同行业的进口弹性、进口渗透率(的倒数)以及是否能有效地组成利益集团。第一,能否组成利益集团对于一个行业所能得到的保护程度具有重要的影响。如果行业 i 是进口竞争行业并且组成了利益集团($I_i=1$),除非 a 和 β 同时很小,否则该行业可以用政治捐资"买"到政府"出售"的保护,即获得保护性进口关税($t_i>0$)[①];如果行业 i 是进口竞争行业却未能组成利益集团($I_i=0$),则该行业很可能面临进口补贴($t_i<0$)[②]。第二,z_i(进口渗透率的倒数)对保护结构的影响是不确定的。对于能有效组成利益集团的行业,在 a 和 β 不同时很小的情况下,进口渗透率越低,贸易保护水平越高;对于未能有效组成利益集团的部门,当 β 较大时,进口渗透率越低,贸易保护水平越低。第三,一个进口竞争部门所获得的贸易保护水平与该部门的进口需求弹性成反比。另外,从结构参数来看,a 越大,说明政府越关注全社会的福利,则政府给予某部门的保护率越低;α_L 越大,意味着利益集团的人口比例越大,则政府也倾向于实行自由化的贸易政策,给予的保护率也就越低。

本章的模型中纳入了两个重要的结构参数,行业 i 中的选民数量占选民总数的比例 α_i 和一单位政治捐资为执政者增加的选票数 β。因为政府在制定贸易政策时要考虑选举支持因素,所以这两个参数对均衡贸易政策具有十分重要的影响,下面集中考察二者的变动对贸易政策的影响作用。

第四节　竞选支持对贸易政策的影响

一、行业人口与保护水平

对于政治上有组织的行业来说,它们不仅为执政者提供政治捐资,而且在选

---

① 注意 $1-\alpha_L>0$。
② β 越大,则这种可能性越大。

举中直接参与投票,因而在政府的目标函数中,各行业的"净福利升水"同该行业的选民比例之积是一项重要的内容。对于政治上无组织的行业来说,尽管它们不为执政者提供政治捐资,但它们手中握有选票,为了争取它们的选举支持,执政者也将各行业的"净福利升水"与选民比例之积纳入目标函数之中。在(4.17)式所描述的保护水平之下,我们有关于 α_i 同保护水平之间关系的如下命题:

命题 4.1:对于政治上有组织的行业来说,该行业所获得的贸易保护水平同其选民数量占选民总数的比例 α_i 无关。

命题 4.2:当执政者赋予全体国民福利的权重很低,政治捐资对不知情选民的影响作用很小,且政治上有组织行业的人口比重很高时,政治上无组织的行业所获得的贸易保护水平同 α_i 负相关。

命题 4.3:如果执政者赋予全体国民福利的权重和政治捐资对不知情选民的影响作用(即 a 和 β)不同时很小,当 α_i 小于一定的临界值时,政治上无组织的行业所获得的贸易保护水平同 α_i 正相关;而当 α_i 大于一定的临界值时,贸易保护水平同 α_i 负相关。

命题 4.1 的内容显然可以由(4.17)式的第一个公式证实,命题 4.2 和命题 4.3 的证明在附录中给出。下面我们讨论这三个命题所蕴涵的意义。

在本章的模型中,执政者的目标函数中包含利益集团的"净福利升水"同集团人口占全部人口比例 α_i 之积,而命题 4.1 表明,由此目标函数求解出的均衡贸易政策(组成利益集团的行业所得到的保护水平)的表达式中却并不包含 α_i,这是因为执政者对争取利益集团捐资的重视程度远大于从利益集团那里获得选票的重视程度,因而利益集团的人口占全部人口的比例并未对本集团获得的贸易保护水平产生影响。

在现实世界中,拥有特定要素的知情选民,特别是组成利益集团的知情选民占全体选民的比例很小,所以,在一人一票的选举制度下,在从利益集团那里获得的选票和捐资之间权衡,执政者更为重视后者。政治捐资在现实中的作用有很多,我们的模型将其抽象为争取不知情选民的选票,这可以在一定程度上解释执政者对捐资的青睐与渴求。

第四章 直接立法和权力委派下的美国对华贸易政策

命题 4.2 背后所蕴涵的意义是：当执政者赋予全体国民福利的权重很低，即 a 很小时，其在选举中获胜的动机十分强烈，但此时如果一单位政治捐资对不知情选民的影响作用，即 β 很小，则执政者需要获得更多的政治捐资去争取不知情选民，因此会对提供捐资的利益集团更为眷顾。特别是当全部利益集团的人口比重很大时，执政者还要争取从利益集团那里获得选票，其"自利"的本性充分表现出来，会进一步减弱其对政治上无组织行业的重视程度，所以便呈现出这些行业的人口比重越高，保护水平反而越低的情形。

命题 4.3 描述的是与命题 4.2 相反的背景下，政治上无组织的行业获得的保护水平与 α_i 之间的关系，只是此时二者的关系更为复杂。当 a 和 β 不同时很小时，要么表明政府赋予社会福利较高的权重，要么意味着一单位政治捐资对不知情选民的影响作用较大，或者是二者兼而有之。在这样的背景下，一方面，执政者仍然具有在选举中获胜从而取得连任的动机，另一方面，执政者在拥有相同的政治捐资水平下更容易获得选举胜利，或者（并且）其对全体国民福利更为重视，因而其通过对贸易活动进行扭曲而争取选票的动机相对较弱。这样，对于政治上无组织的行业来说，当其人口比重 α_i 较小时，执政者会考虑从该行业争取选票，因而 α_i 提高，行业 i 所获得的保护水平也提高；当 α_i 超过一定的临界值时，执政者"仁慈"的一面便显现出来，其对贸易活动扭曲而争取选票的动机让位于对全体国民福利的眷顾，于是又呈现出行业 i 的保护水平随 α_i 的提高而降低的情形。

命题 4.2 和命题 4.3 还从一个侧面体现出组成利益集团对特定要素所有者的重要作用。由命题 4.2，当 a 和 β 同时很小且利益集团人口比重很大时，执政者就会十分重视利益集团的福利状况而将政治上无组织行业的福利状况置于十分次要的地位，该行业所得到的保护水平会随其人口比例的增加而下降。由命题 4.3，当 a 和 β 不同时很小时，执政者扭曲贸易活动的动机较弱，此时受到冲击的仍然是政治上无组织的特定要素所有者，那些人口比重高的行业，其获得的保护水平会随 α_i 的增加而减小。比较来看，命题 4.2 描述了执政者眷顾利益集团而轻视政治上无组织行业的情形，命题 4.3 描述了执政者重视社会福利而轻

美国对华贸易政策的决策机制和形成因素

视人口比例高的无组织行业的情形。无论是何种情形,政治上无组织的行业都会受到冲击,未组成利益集团的特定要素所有者都会成为执政者实现其目标的牺牲品。

二、选票价格与保护水平

在本章中,利益集团为执政者提供政治捐资,执政者用捐资影响不知情选民的投票行为,以争取更多的选票。在不同的条件下,争取不知情选民的难易程度存在显著差异,这也可能会对均衡的贸易政策产生影响。我们的模型中,β 表示一单位政治捐资可以为执政者从不知情选民那里获得的选票增加数,这意味着,β 越大,额外获得一张选票的价格越低;反之,β 越小,执政者额外获得一张选票的价格越高。根据(4.17)式所描述的保护水平,我们有关于 β 同保护水平之间关系的如下命题:

命题 4.4:对于政治上有组织的行业来说,当执政者赋予全体国民福利的权重较高时,该行业所获得的贸易保护水平同一单位政治捐资为执政者增加的选票数 β 正相关;当执政者赋予全体国民福利的权重较低时,该行业所获得的贸易保护水平同 β 负相关。

命题 4.5:对于政治上无组织的行业来说,该行业所获得的贸易保护水平同一单位政治捐资为执政者增加的选票数 β 负相关。

命题 4.4 和命题 4.5 的证明在附录中给出。下面我们讨论两个命题所蕴涵的意义。

当执政者赋予全体国民福利的权重 a 较小时,他对竞选获胜从而连任的渴求远大于为全体国民谋求福利的愿望,所以执政者额外获得一张选票的价格越高,即 β 越小,他将越倾向于迎合利益集团的利益诉求,不惜对贸易活动进行扭曲,给予组成利益集团的行业更高的贸易保护水平。

相反,当 a 较大时,执政者更为关注全体国民的福利状况,以至于将连任的目标置于十分次要的地位。所以执政者额外获得一张选票的价格越高,即 β 越小,他反而越倾向于力争实现社会福利最大化,减少贸易扭曲,因此给予组成利

第四章 直接立法和权力委派下的美国对华贸易政策

益集团的行业更低的贸易保护水平。在这种情况下,一个"仁慈"的政府形象便跃然纸上。

命题 4.5 的含义是,一单位政治捐资可以为执政者从不知情选民那里获得的选票数越多,即额外获得一张选票的价格越低,执政者认为自己在选举中获胜的可能性越大,便越倾向于减少对贸易活动的扭曲,而这种减少首先冲击的是那些政治上无组织的行业,因而 β 越大,这些行业获得的贸易保护水平越低。对于政治上无组织的行业来说,即使执政者赋予社会福利的权重较低,其所获得的保护水平同 β(继而选票价格)之间的关系也不会发生改变。同命题 4.2 和命题 4.3 类似,这样的结果也表明组成利益集团对特定要素所有者获得贸易保护具有十分重要的作用。

三、小结

根据命题 4.1 至命题 4.5,我们可以总结出执政者谋求在竞选中获得支持从而连任的动机,对均衡贸易政策的影响机制具有如下特点。

第一,执政者对社会福利赋予的权重 a 在一些情况下对影响机制具有十分重大的意义,其对社会福利的重视程度不同会使 α_i 和 β 这两个结构参数对保护水平产生截然相反的影响。

第二,考察 α_i 对保护水平的作用机制,对于政治上无组织的行业来说,β 的取值范围也会对 α_i 的作用方向产生影响。这里,a 和 β 共同构成了 α_i 发挥作用的"环境"。

第三,政治上有无组织对特定要素的所有者获取政府的贸易保护具有十分重要的影响作用。原始的"保护待售"模型预测政治上有组织的行业将在贸易政策方面获得政府的眷顾,我们的模型在新的背景下为这个结论提供了注脚。

美国对华贸易政策的决策机制和形成因素

第五节 权力委派下的均衡贸易政策

现有的文献已经详尽探讨了执政者进行权力委派的条件,以及将何种政策的制定权转移给行政机构(Epstein 和 O'Halloran,1999),我们将不再考察发生权力委派的条件,而直接假定在一些情形下会发生委派,考察权力委派下的贸易政策同执政者直接制定的贸易政策之间的关系。①

Baldwin(1985)指出,当某项贸易政策由行政机构制定时,利益集团仍然会向国会议员寻求帮助,为了获得利益集团的各种支持,议员们往往会对行政机构施加压力,从而使行政机构制定的政策对其所代表的集团有利。Hansen(1990)的经验分析则证实了 Baldwin(1985)的理论假说,她指出国会议员可以通过一系列奖惩措施来控制行政官员,譬如预算分配、监管听证会、立法活动以及舆论宣传等。由此,行政机构制定贸易政策时,将会显著受到执政者的影响。另外,根据 Epstein 和 O'Halloran(1999)以及 Anderson 和 Zanardi(2004),行政机构负责制定的贸易政策主要是反倾销、反补贴等贸易救济措施。

综上,行政机构制定政策的过程就具有如下特点。一是每次决策专对特定商品,因而其每次制定的贸易政策对特定行业的福利水平具有十分重大的影响作用;二是行政机构进行决策时既要考虑执政者的目标实现程度,也可能具有自身的准则和信念。这样,我们得到行政机构针对特定商品 i 制定贸易政策时所依据的目标函数为:

$$H_i = G + b\pi_i \tag{4.18}$$

目标函数 H_i 中包含 G,意味着行政机构制定贸易政策时要充分考虑执政者

---

① 例如在(4.16)式表示的均衡贸易政策下,若 α_L 很大,则执政者给予利益集团的保护水平很低,将会引起利益集团不满,在这种情况下,出于选举竞争的考虑,执政者会选择隐藏其政策偏好,将制定贸易政策的权力转移给行政机构。

第四章 直接立法和权力委派下的美国对华贸易政策

的目标与信念。这一方面表明,执政者将制定政策的权力委派给行政机构,后者在一定程度上忠实于执政者,努力贯彻其意图;另一方面也表明,为争取预算分配等利益,行政机构不得不屈从于执政者,其决策受到执政者意志的显著影响,因而 G 成为 H_i 当中重要的组成部分。$b\pi_i$ 则表示行政机构在制定政策时自身所具有的准则和信念,因为针对特定商品 i 制定贸易政策时,行政机构必然要考察行业 i 的种种经济特征来确定该行业的运营状况,我们的模型中只包含利润水平,是一种简化。参数 b 可正可负,也可以为 0,正值表示行政机构为实现自身利益从而讨好相关行业,将其利润水平纳入自己的目标函数,负值表明行政机构在制定政策过程中具有维护公平的信念,即一行业的利润水平越低,在行政机构的目标函数中的地位越高,当 $b=0$ 时,行政机构完全成为执政者的代言人。b 的绝对值表示相比于对执政者的忠实与顺从,行政机构赋予其自身准则和信念的权重。

对(4.18)式求解一阶条件,并利用(4.9)式、(4.12)式至(4.15)式以及 Hotelling 引理,可以得到权力委派下,行政机构制定的均衡贸易政策为:

$$\frac{t_i^0}{1+t_i^0} = \frac{b+(\beta-\alpha_i)I_i - \beta\alpha_L + \alpha_i - \alpha_i^2 + \sum_{j\in L}\alpha_j^2}{a+\beta\alpha_L+\alpha_i^2 - \sum_{j\in L}\alpha_j^2} \times \frac{z_i^0}{e_i^0}, \text{对于 } i=1,2,\cdots,n$$

(4.19)

(4.19)式同(4.16)式的唯一差别是在其分子中增加了一项 b,这正是权力委派下的贸易政策同执政者直接制定的贸易政策之间的鲜明差异,下面结合对该参数的讨论来分析(4.19)式的含义。

如果 $b<0$,则意味着行政机构具有维护社会公平的信念,因为在其制定政策时充分考察了相关经济因素,当行业 i 受到国外同类商品的冲击时,利润降低,而行政机构却赋予这样的行业更高的权重,此时,均衡的贸易保护水平低于执政者直接制定的保护水平(即(4.16)式中的水平);如果 $b>0$,则意味着行政机构制定政策时完全为了实现自身利益的最大化,通过讨好相关的行业从而间接讨好执政者,此时,均衡的贸易保护水平高于执政者直接制定的保护水平。

美国对华贸易政策的决策机制和形成因素

(4.19)式中的 t_i 可以被赋予多种含义,从而解释现实中一些贸易政策的决策特征。例如,根据美国法律,ITA 在裁定是否存在倾销或补贴时,ITC 在裁定倾销或补贴是否对某一行业造成损害时,以及 ITC 在裁定是否满足保障措施的使用条件时,都需要考察相关行业的一系列经济因素,包括产量水平、利润水平、就业水平及其变动情况等(详见 Baldwin,1985)。如果相关机构在裁定时严格贯彻这些法律规定,就具有了促进社会公平、维护市场秩序的准则和信念,这种信念可由我们模型中的 $b\pi_i(b<0)$ 表现出来。此时的贸易保护水平将低于执政者直接制定的保护水平:如果 t_i 是反倾销税率,则会低于国会制定的税率(假定国会来直接制定);如果 t_i 是 ITC 确认损害的可能性,则这种可能性低于国会直接裁定的结果(假定国会来直接裁定)。但现实中我们经常看到的是相反的情形,ITA、ITC 等部门为了自身的利益,受到国会的影响甚至控制,往往对那些同国会议员联系密切的行业给予更高的保护,这些行业通常凭借强大的实力为议员提供政治捐资,因而我们的模型中 $b\pi_i(b>0)$ 就表现出这种机制。在此情形下,ITA 制定的反倾销税率将会更高,ITC 确认损害的可能性也会更高。在关税逐步削减的背景下,反倾销等贸易救济措施被各国广泛应用,而且这些措施更具针对性、更有杀伤力。根据我们的模型,关税是执政者直接制定的,而贸易救济措施是行政机构获得权力委派而制定的,行政机构又为了自身利益而屈从于执政者和利益集团,这就为现实世界中各种贸易政策的纷繁复杂特征提供了更为合理的解释。

第六节 结论性评述

通过在 Grossman 和 Helpman(1994)的"保护待售"模型中纳入执政者谋求在竞选中获胜的因素,以及执政者将制定贸易政策的权力委派给行政机构的因素,本章考察了执政者、行政机构同各类选民之间互动,最终决定贸易政策的机

第四章 直接立法和权力委派下的美国对华贸易政策

制与过程。

在考察竞选支持因素对贸易政策的影响作用方面,我们引入行业 i 所包含的选民数量占全体选民的比例 α_i 和一单位政治捐资为执政者增加的选票数 β 两个变量。通过求解均衡的贸易保护水平并进行比较静态分析,我们发现这两个结构参数对于政治上有组织和无组织的行业的影响机制存在较大差异。具体地,对于政治上有组织的行业来说,该行业所获得的贸易保护水平同 α_i 无关;当执政者赋予全体国民福利的权重很低,政治捐资对不知情选民的影响作用很小,且政治上有组织的行业的人口比重很高时,政治上无组织的行业所获得的贸易保护水平同 α_i 负相关;如果 a 和 β 不同时很小,当 α_i 小于一定的临界值时,政治上无组织的行业所获得的贸易保护水平同 α_i 正相关,而当 α_i 大于一定的临界值时,贸易保护水平同 α_i 负相关。在 β 的影响作用方面,对于政治上有组织的行业来说,当执政者赋予全体国民福利的权重较高时,该行业所获得的贸易保护水平同 β 正相关,而当执政者赋予全体国民福利的权重较低时,该行业所获得的贸易保护水平同 β 负相关;对于政治上无组织的行业来说,该行业所获得的贸易保护水平总是同 β 负相关。

在考察权力委派下的均衡贸易政策时,我们假定行政机构在决策过程中既重视执政者的目标,又拥有自身的准则和信念,刻画出具有不同信念的行政机构所制定出的贸易政策同执政者制定的政策之间的差异。当 $b<0$ 时,行政机构具有"仁慈"的本性,重视社会公平,维护市场竞争,严格依照相关法律来对贸易政策进行决策,其最终制定的贸易保护水平会低于执政者制定的水平;当 $b>0$ 时,行政机构具有"自利"的本性,对相关行业的利润水平高度重视,其最终制定的贸易保护水平会高于执政者制定的水平。

综合来看,政治上有组织的行业将更容易获得执政者给予的贸易保护,其所获得的保护水平也往往更高,但这里政治组织状况对贸易政策的影响机制同原始的"保护待售"模型存在显著差异。原始模型中,是否组成利益集团是唯一的政治因素,因而对行业所获得的保护具有决定性作用:对于进口竞争行业来说,$I_i=1$ 即意味着进口关税保护,而 $I_i=0$ 则意味着进口补贴。在本章的模型中,政

美国对华贸易政策的决策机制和形成因素

治组织情况要同其他因素(a、α_i 和 β)协同发挥作用,在一定的参数范围内,$I_i = 1$ 也可能意味着负的进口关税(即进口补贴)①,$I_i = 0$ 时,行业 i 也有可能获得正的进口关税保护。这样,本章的模型比"保护待售"模型所涵盖的内容更为丰富,也更为贴近现实。尽管如此,政治组织状况对贸易保护影响的总体趋势没有变化:执政者仍然对政治捐资的提供者给予更多的照顾。

Grossman 和 Helpman(1994)的"保护待售"模型一经问世,便成为解读贸易政策内生过程的标准模型,在贸易政策政治经济学领域最具影响,但与此同时,学者们也从不同角度对该模型进行了批判。我们并未像一些学者那样去怀疑"菜单拍卖"模式是否能准确刻画政府同利益集团之间的互动关系(如 Imai,Katayama 和 Krishna,2006),或是去怀疑政府同利益集团之间交换关系(金钱或选票)的完备性(如 Hall 和 Beckman,2004),或是在不同的市场结构下考察利益集团的影响作用(如 Chang,2005),而是在"菜单拍卖"模式的基础上引入执政者谋求获得竞选支持的动机,仍然在特定要素模型的框架下求解均衡的贸易政策,在充分保留原始模型基本结论的情况下,突出了竞选支持因素对保护水平的影响作用,不仅更加贴近现实,而且将政治生活中更为丰富的内容模型化,从而将"保护待售"模型向前推进了一步。

---

① 尽管这种可能性很小,但其仍然存在。

第五章 直接立法下美国对华贸易政策的形成机制

——以 PNTR 议案投票为例的经验分析

本章考察直接立法条件下美国对华贸易政策的决策和形成机制,定量分析美国对华贸易议案的投票结果背后隐藏的深层次政治经济因素,以期为揭示美国对华贸易政策的决策和形成因素提供有价值的信息。

定量地分析一国对某个特定的贸易伙伴实行的贸易政策的形成机制绝非易事。首先,大多数正式的理论模型中包含了一些无法得到的结构参数,因而不能直接用于进行经验检验;其次,一些非正式的模型和极少量的正式数理模型可以用于经验检验,但贸易政策的政治经济学提出的分析框架研究的是一国不同行业之间的贸易壁垒差异(即保护结构)的形成原因,而没有刻画贸易壁垒的国别特征;最后,从实践的角度来看,美国对华贸易政策纷繁复杂,很短的时期内就会发生巨大的变化,因而在一个框架下定量分析这些政策(及其变化)的形成因素更是不具备现实的可能性。我们的具体做法是:对 2000 年美国国会投票表决是否给予中国永久性正常贸易关系(PNTR)地位这一事件进行经验检验,以此来分析国会议员的投票行为(直接决定了对华贸易政策的形成)受哪些因素影响,并指出这些影响因素的重要程度,通过这样的分析,我们将更清晰地理解美国对华贸易政策的决策和形成机制。

美国对华贸易政策的决策机制和形成因素

第一节 背景介绍和相关文献回顾

一、背景介绍

给予中国最惠国待遇(正常贸易关系)是美国对华贸易政策的一项重要决策内容,直接影响着中美双边贸易的开展。在1990年到2000年之间,最惠国待遇(正常贸易关系)的审议过程和结果更是成为美国对华贸易政策的风向标。而2000年国会投票表决是否给予中国PNTR这一事件,既是对每年评议中国贸易地位这一历史的终结,又为此后对华贸易政策的走势确立了一个总的基调,所以我们认为该事件是美国对华贸易政策形成过程中最具代表性的事件。而且,给予中国PNTR的议案是克林顿总统提出的,而此次国会投票表决又是克林顿在任期间美国在贸易领域的最后一次重要表决,利益协调、各方博弈、个人政治偏好等因素也可以从投票结果中展现出来。综上所述,尽管一项议案的表决并不能全面揭示出美国对华贸易政策的决策和形成因素,但通过对议案投票表决的经验分析,我们的确可以得出一些有意义的重要结论。

最惠国(MFN)待遇是国际贸易中各国之间相互给予的正常待遇。20世纪70年代以来,美国国会开始年度审议最惠国待遇问题。这种做法源于国会对《1974年贸易改革法》的杰克逊—瓦尼克修正案,该修正案否决了总统授予中央计划经济国家或者阻碍自由移民的非市场经济国家最惠国待遇的一揽子权力,其针对的是当时苏联的移民政策。

总统若想给予中国最惠国待遇,就要确认中国完全与杰克逊—瓦尼克修正案的条件相一致,或者放弃对中国具有完全一致性的要求,即行使放弃权。在整个20世纪80年代,总统的放弃权发挥了重大的作用,从1980年到1989年5月,美国总统一直对中国行使放弃权,要求给予中国最惠国待遇,而国会也一直

第五章 直接立法下美国对华贸易政策的形成机制

没有反对,所以这十年间,对华给予最惠国待遇的年度审议每年都顺利通过。但1989年后,情况发生了变化,很多国会议员要求撤销中国的最惠国待遇,作为对其违反人权准则的经济制裁。

此后的十年间,围绕对华最惠国待遇问题,总统、议员和利益集团之间的斗争此起彼伏。给予中国最惠国待遇成为总统候选人宣扬"扩大民主"的手段,克林顿竞选总统时就曾宣称要改善中国的人权状况,而最惠国待遇同人权挂钩是其手中的武器;许多国会议员把一年一度的对华最惠国待遇审议作为武器来表达对总统执政方针的不满;不同的利益集团更是从自身利益出发,游说国会议员,当劳工和人权利益集团占上风时(如1993年和1994年投票表决期间),中国的最惠国地位便岌岌可危。

到了20世纪90年代后期,工商业利益集团同国会紧密联系,有效地影响了对华贸易政策的制定,它们为了扩大对华出口,极力主张保持同中国的正常贸易关系。当2000年克林顿总统提出给予中国PNTR的建议时,工商业组织鼎力支持,并且完全控制了这场政治斗争的局势。最终,参众两院均以压倒性多数通过了总统提出的给予中国PNTR的议案:众议院的投票结果是237票支持,197票反对;而参议院的投票结果更是毫无悬念,以81票支持、13票反对的比例顺利通过。

二、相关文献回顾

本章的主旨在于通过对影响PNTR议案投票结果的各种政治经济因素进行经验分析,来剖析美国对华贸易政策的决策和形成因素,因此我们仅对与本章研究相关的文献进行回顾。在理论模型方面,Grossman和Helpman(1994)建立了"保护待售"模型,描述了利益集团同政府之间进行两阶段非合作博弈、最终形成贸易政策的过程。首先,利益集团之间在"捐资表"上达成关于政治捐资的纳什均衡;然后,政府在给定的政治捐资水平上再决定最优的价格(即均衡的贸易政策)。模型的结论是:一国对各行业的保护水平取决于不同行业的进口弹性、进口渗透率(的倒数),以及是否能有效地组成利益集团。

美国对华贸易政策的决策机制和形成因素

"保护待售"模型的主旨还意味着:利益集团的政治捐资活动可以对贸易立法过程产生影响。因为贸易政策是通过与贸易有关的立法而形成的,所以利益集团通过政治捐资"购买"到贸易保护政策的过程就是通过政治捐资影响贸易立法的过程。这又引发了学者们对贸易议案投票结果影响因素的经验分析。

在这方面,Baldwin(1985)首开先河,详尽地分析了影响国会议员的贸易政策倾向形成的政治经济因素,包括议员所在选区的政治经济特征、议员所属政党的政策态度、议员与同事和总统的关系以及议员个人的学习、工作背景及其怀有的社会经济目标。在对上述因素进行分析之后,Baldwin 提出了一些理论假说,并用正式的计量方法考察了种种因素是否能对《1974 年贸易改革法》的投票结果产生显著影响,其结论为:议员支持贸易保护的态度与工会捐资、所在选区中进口敏感行业工人的比例正相关,与表示党派的变量负相关。[1] Baldwin 的方法在很大程度上剖析了国会议员投票行为背后的原因,尤其是把利益集团的政治捐资作为解释变量纳入计量模型,清晰地阐明了政府和利益集团的相互作用对贸易政策出台的决定性作用,并开创性地对某一具体贸易议案的表决结果进行了经验检验。

Baldwin(1985)的研究引起了经济学家和政治学家的关注。此后,一批学者把政治捐资作为解释变量来分析国会对贸易议案的表决结果,以此来考察影响议员投票结果的原因及重要程度。其中 Kahane(1996),Steagall 和 Jennings(1996),Holian、Krebs 和 Walsh(1997),以及 Uslander(1998)对美国国会表决是否通过建立北美自由贸易协定(NAFTA)的投票结果进行了经验检验。在 Baldwin(1985)的基础上,这些学者进一步将政治捐资分为劳工组织的捐资和商业集团的捐资,并把两者一同纳入到计量模型中以考察不同性质的利益集团对贸易政策形成的影响程度。他们得出了一致的结论:劳工组织的捐资同支持建立 NAFTA 的可能性呈负相关关系,而商业集团的捐资同支持的可能性呈正相关

---

[1] 所考察的议案是属于共和党的总统提出的,Baldwin 在设定表示党派的虚拟变量时,将共和党人设为 1,而设定被解释变量时,将"反对"(即支持贸易保护的态度)设为 1,所以这两个变量之间的预期关系为负相关,而检验的结果正是如此。

第五章　直接立法下美国对华贸易政策的形成机制

关系。

上述文献存在一个共同问题:学者们均采用单方程估计方法,将政治捐资视为外生变量。但正如 Chappell(1982)和 Stratmann(1991)指出,利益集团政治捐资的数额显然会受到议员投票结果的影响,因此政治捐资具有内生性。这样,如果用单方程估计,政治捐资就会与方程的残差相关,从而不能保证估计结果的无偏性。

Baldwin 和 Magee(2000)用联立方程模型检验了发生在 1993 年到 1994 年之间三个贸易议案的投票结果:建立 NAFTA、签署乌拉圭回合协议和 1993 年给予中国 MFN 待遇。考虑到政治捐资的内生性,Baldwin 和 Magee 将三个议案的投票结果和两种政治捐资纳入一个联立方程系统,对五个方程进行联合估计,得出了如下结论:在政治捐资方面,捐资与相应的利益集团给议员的打分正相关;与议员是否在重要的委员会任职正相关;商业集团的捐资还与议员的任期正相关。在投票结果方面,支持 NAFTA 议案和乌拉圭回合议案的可能性与商业捐资和出口行业与进口行业就业人数之比呈正相关关系;与劳工捐资、工会人口比例呈负相关关系;与不同利益集团的打分具有或正或负的相关关系。而给予中国 MFN 待遇的可能性与某些利益集团的打分、纺织业就业人口比例负相关,与出口行业与进口行业就业人数之比、失业率、食品行业就业人口比例正相关。① Baldwin 和 Magee 还进行了一系列模拟,证明了各种利益集团的政治捐资对贸易议案的投票结果都会产生重要的影响作用,甚至可能会直接决定议案能否通过。另外,他们还模拟出了每张选票的价格,即利益集团需要花费多少捐资来改变一位议员的投票结果。

Baldwin 和 Magee(2000)的检验不仅证明了贸易的政治经济学中提到的部分重要理论假说,而且验证了政府和利益集团的相互作用对美国贸易政策形成的重要影响,从而说明在一定的社会和历史条件下,贸易政策是"用于出售的"。此后,Fisher,Gokcekus 和 Tower(2002)分析《1999 年两党联合钢铁保护法案》的

---

① 对这个议案的分析结论显得有些奇怪,因为计量结果显示,给予中国 MFN 待遇的可能性与利益集团的政治捐资无关,而且选区的失业率越高,代表该选区的议员越倾向于支持给予中国 MFN 待遇。

美国对华贸易政策的决策机制和形成因素

投票结果,Olson 和 Liebman(2004)分析国会通过《连续倾销与补贴抵消法案》(《伯德(Byrd)修正案》)的影响因素,都是借鉴了 Baldwin 和 Magee(2000)的研究思路与方法,他们的工作也为本章的经验分析提供了可借鉴的范式。

第二节 理论框架

贸易政策的政治经济学包含很多理论假说,我们在各种假说的基础上,提出关于美国国会议员投票表决是否给予中国 PNTR 地位的分析框架。

国会议员的目标是使其连任的几率最大化,而连任取决于两方面的因素:一是其所在选区的普通选民的支持,二是利益集团提供的政治活动捐资和信息的支持,因此,议员在参与立法活动时必然要兼顾这两方面的利益。对于贸易议案来说,不同的选民基于自身所处的地位会对议案持有不同的态度,不同的利益集团对议案的态度更是大相径庭,而普通选民与利益集团之间也会常常发生冲突。那么,对一项贸易议案的投票结果就反映了议员权衡各方面利益的决策。

尽管不同的主体对贸易议案的态度千差万别,我们仍可以将其归并为两类:支持贸易自由化的一方和反对贸易自由化的一方。两种经典的贸易模型可以预测不同主体对贸易自由化所持的态度,一是 Heckscher-Ohlin 模型,二是 Ricardo-Viner 模型。在 H-O 框架下,国际贸易使一国相对稀缺的生产要素受损,使相对丰裕的生产要素获益。由于假定要素可以在部门间自由流动,无论生产要素被用于哪个部门,都不会改变上述结论。从现实来看,美国是一个非熟练劳动相对稀缺的国家,则根据 H-O 模型,一个选区中受教育水平低的人口比例越高、人均收入越低,该选区的选民越倾向于反对贸易自由化。显然,给予中国 PNTR 地位是贸易自由化的政策,所以具有上述特征的选区的议员会倾向于反对该议案。另外,2000 年以前,中国对美贸易的最大优势来源于劳动密集型产品,大量的劳动密集型产品抢占了美国的市场,在一定程度上造成了美国非熟练劳动力失业,

第五章　直接立法下美国对华贸易政策的形成机制

所以一个选区的失业率越高,代表该选区的议员也倾向于反对给予中国 PNTR 地位。

相反,Ricardo-Viner 模型假设生产要素完全或在一定程度上只能应用于特定行业。例如,某种自然资源或特定形态的物质资本只适用于一个或几个特定行业;或者,某行业的工人只具备本行业的专业技能,这种技能在其他行业无法施展。这样,根据 Ricardo-Viner 模型,个人对贸易自由化的态度取决于他所工作的部门,而不是取决于他所拥有要素的状况。所以,在分析议员投票结果的影响因素时,除了考虑反映生产要素状况的那些变量,还要考虑议员所在选区各部门的就业状况,以判断特定行业对议员决策行为影响的重要程度。

议员的个人特征可能也会对议员的投票结果产生影响。首先,国会议员对以往各项议案的投票结果都会被记录在案,各利益集团会根据议员的投票结果是否符合自身利益而为议员打分,不同利益集团给议员的打分可以反映出议员的政策取向。其次,一些议员认为,与中国开展正常贸易不会对自己甚至自己所在的选区产生较大的影响,所以他们在投票时可能更多地基于其所在党派、所属委员会的立场。最后,对议案的投票是议员向选民展示自己的政治抱负、社会理想的绝好时机。在对议案表决的过程中,他们或者表现出对劳工的同情,或者展现出崇尚自由的决心,或者表现出关注国家安全的热情,以迎合选民的需要,从而增加连任几率。综上,我们必然要将反映议员个人特征的诸变量纳入我们的分析框架。

很多学者,如 Findlay 和 Wellisz(1982),Hillman(1982)以及 Grossman 和 Helpman(1994)都认为贸易政策的最终形成是政策的制定者和利益集团相互作用的结果,而反映利益集团活动的主要指标就是利益集团为议员的政治活动提供的捐资。在经济学家看来,政治捐资在很大程度上能影响议员投票的结果,而不同利益集团的捐资对贸易政策形成的影响方向是不同的。[①] 我们通常认为,劳工组织是非熟练劳动者的代表,由于 H-O 模型预测贸易会使美国的非熟练劳

---

① Makinson 和 Goldstein(1994)率先将政治行动委员会(PAC)的捐资划分为劳工组织的捐资和商业集团的捐资。Baldwin 和 Magee(2000)把这两种政治捐资一同作为解释变量纳入其计量模型。

美国对华贸易政策的决策机制和形成因素

动受损,所以劳工组织会反对给予中国 PNTR 议案,其捐资会促使议案通过的可能性降低;相反,与中国开展正常贸易会给商业集团带来巨大的利润,所以商业集团会动用捐资使国会议员为议案投赞成票。另外,"意识形态组织"也会给国会议员提供政治捐资,影响其决策行为,而"意识形态组织"对中国的人权状况、劳工标准和环保状况十分不满,所以这些集团也会游说议员对 PNTR 议案投反对票,其捐资也会降低议案通过的可能性。由此,我们的分析框架要纳入三种政治捐资:商业集团的捐资、劳工组织的捐资和"意识形态组织"的捐资。

  关于政治捐资,我们还需作进一步讨论。Chappell(1982)和 Stratmann(1991)指出,利益集团政治捐资的数额会受到议员投票结果的影响,因此政治捐资具有内生性。Baldwin 和 Magee(2000)分别对三个议案的投票结果进行了单方程估计,随后对每个方程中的政治捐资作了 Hausman 检验,检验结果并不统一,有时候可以拒绝捐资的外生性,有时则无法拒绝。在这样的情况下,我们还是遵循基本的理论,将政治捐资作为内生变量。根据政治学家的意见(如 Austen-Smith,1991),议员从利益集团获得的政治捐资在一定程度上取决于议员在立法过程中的重要程度。如果国会内某个重要委员会的行动会对一些利益集团产生重大影响,那么这些利益集团会对该委员会成员提供更多的捐资。例如,众议院筹款委员会负责处理税收事宜,这与商业利益集团息息相关,所以筹款委员会的成员通常会从商业利益集团那里获得较多的政治捐资;而教育与劳工委员会的职能会更大程度地影响劳工组织的利益,所以该委员会的成员往往能从劳工组织那里获得较多的捐资。另外,国会议员的以往投票结果都会被记录在案,各利益集团会根据议员的投票结果是否符合自身利益而为议员打分,并决定为议员提供的捐资金额。

第五章 直接立法下美国对华贸易政策的形成机制

第三节 经验分析方法与数据

一、计量方法

我们对 2000 年美国众议院投票表决是否给予中国 PNTR 地位这一事件进行经验检验。每名众议员作为一个样本,其投票结果作为被解释变量,对 PNTR 议案投赞成票记为 1,反对票记为 0。这一届国会是美国第 106 届国会,众议院成员总数为 435 人,由于佛罗里达州第一选区的 Scarborough 议员对该议案投了弃权票,爱达荷州的 Chenoweth 议员从利益集团获得的政治捐资数额无法得到,我们将这两个样本排除,于是计量检验的样本总数为 433。

根据第二部分提出的理论框架,我们在经验检验的过程中要在计量模型中纳入一系列影响议员选举结果的变量,这些变量可以分为四大类:反映利益集团因素的变量,即利益集团的捐资;反映议员个人特征的变量;反映议员所在选区社会状况的变量;反映议员所在选区经济特征的变量。每一类所包含的变量会在后文具体描述。关于模型的设定,我们遵循 Chappell(1982)和 Stratmann (1991)的原则,将政治捐资作为内生变量,并按照 Baldwin 和 Magee(2000)的方法,对议案投票结果和利益集团提供的政治捐资用联立方程模型进行估计。我们采用的估计手段是完全信息极大似然法(FIML),联立方程系统的形式如下:

$$PNTR = F(A'X + A_L^*(\text{Labor Contributions}) + A_B^*(\text{Business Contributions})$$
$$+ A_I^*(\text{Ideological Contributions})) + \varepsilon_p \quad (5.1)$$
$$\text{Business Contributions} = E'Y + \varepsilon_b \quad (5.2)$$
$$\text{Labor Contributions} = D'W + \varepsilon_l \quad (5.3)$$
$$\text{Ideological Contributions} = F'Z + \varepsilon_i \quad (5.4)$$

其中 PNTR 为众议员对议案的投票结果,Business Contributions 为商业集团对众议员的捐资,Labor Contributions 为劳工组织对众议员的捐资,而 Ideological Contributions 为人权组织等"原则集团"对众议员的捐资额。由于 PNTR 为离散变量,我们使用 Probit 方法估计投票方程,而捐资数额为 0 的情形极少,因此三个捐资方程采用了线性形式。F 是累积标准正态分布,X 是反映议员个人及其所在选区各方面特征的向量,其包含的变量会对议员的投票行为产生一定的影响。W、Y、Z 分别是决定议员从劳工组织、商业集团和"原则集团"获得政治活动捐资数额的向量。A'、A_L^*、A_B^*、A_I^*、D'、E' 和 F' 是系数矩阵。ε_p、ε_l、ε_b 和 ε_i 为方程的残差项。

二、数据描述

前文已经提到,我们将利益集团的政治捐资和向量 W、X、Y、Z 中的变量分为四大类,各个变量的具体含义及其均值在表 5.1 中列出。

表 5.1　变量描述

变量	含义	均值
利益集团捐资		
Labor Contributions	劳工组织向众议员提供的政治活动捐资(千美元)	75.4
Business Contributions	商业集团向众议员提供的政治活动捐资(千美元)	259.4
Ideological Contributions	"意识形态组织"向众议员提供的政治活动捐资(千美元)	38.3
议员个人特征		
Terms	议员的任职年限	10.0
Democrat	是否民主党员("是"=1,"否"=0)	0.486
Ways and Means Committee	是否筹款委员会成员("是"=1,"否"=0)	0.090
Labor Committee	是否教育与劳工委员会成员("是"=1,"否"=0)	0.111
Commerce Committee	是否商务委员会成员("是"=1,"否"=0)	0.122
AFL-CIO Rating	2000 年度美国劳联—产联给议员的打分(100 分制)	54.67
COC Ratings	2000 年度美国商会给议员的打分(100 分制)	61.13
ACU Ratings	2000 年度美国保守联盟给议员的打分(100 分制)	50.52
LCV Ratings	2000 年度美国保守选民同盟给议员的打分(100 分制)	46.59

第五章　直接立法下美国对华贸易政策的形成机制

（续表）

变量	含义	均值
议员所在选区社会特征		
No High School Rate	2000年25岁以上不具备高中学历人口比例	0.199
No College Rate	2000年25岁以上不具备大学学历人口比例	0.489
Chinese Rate	2000年华裔人口比例	0.0087
Rural Rate	1998年乡村人口比例	0.366
Blue Collar Rate	1998年蓝领人口比例	0.069
Unionization Rate	1998年私人部门从业人员加入工会比例	0.213
议员所在选区经济特征		
Agriculture	2000年从事农、林、渔业人口比例(%)	0.766
Manufacture	2000年从事制造业人口比例	0.066
Per-capita Income	1999年人均收入(千美元)	21.5
Unemployment Rate	2000年失业率(%)	3.71

1. 利益集团的政治捐资

第一类变量是利益集团在1999年至2000年竞选期间给每位众议员提供的政治捐资金额，单位为千美元。平均每位众议员在此期间从商业集团处获得的政治捐资总额为259 419美元，劳工组织和"意识形态组织"平均给每位众议员提供的捐资分别为75 397美元和38 251美元，远远少于商业集团的捐资。根据理论框架，我们预期Business Contributions同被解释变量PNTR呈正相关关系，而Labor Contributions和Ideological Contributions同被解释变量负相关。各种捐资数额从opensecrets.org网站获得(详细网址列于附录)。

2. 描述议员个人因素的变量

第二类变量是描述议员个人特征的变量。议员所属党派、任职期限同样来自于opensecrets.org网站。是否属于重要委员会成员的信息来自于众议院各委员会的官方网站。在克林顿的第二个任期，劳工利益集团和民主党关系密切，因此我们认为议员从劳工组织获得的捐资同议员是否为民主党正相关，而议员从商业集团获得的捐资同是否为民主党负相关。另外，如果议员是重要委员会成员，则利益集团会倾向于给他更多的捐资支持，因此我们预期捐资额与表示重要

美国对华贸易政策的决策机制和形成因素

委员会的变量正相关。

前文提到,利益集团打分的分值能反映议员的政治态度、个人愿望和社会理想,因而本章的解释变量还包括四个最具代表性的利益集团给议员的打分情况。这四个利益集团分别是劳联—产联(AFL-CIO)、美国商会(COC)、美国保守联盟(ACU)和美国保守选民同盟(LCV)。

AFL-CIO 是美国最具实力的利益集团之一,代表着国内1300万工人。该集团下辖66个联盟,遍及全美的各行各业。从1990年至2008年,AFL-CIO 的政治捐资累计达到1700余万美元,在劳工组织中名列前茅。AFL-CIO 进行游说活动的主要目的在于创造更多就业岗位,自20世纪60年代末以来,由于美国进口渗透率不断激增,AFL-CIO 放弃了其长期信奉的自由主义贸易政策,并且支持国会的配额议案。由于 AFL-CIO 代表的工人数量多、范围广,在国内政治生活中具有重要影响力,已经成为反对贸易自由化的重要利益集团。

COC 是代表美国工商业组织的利益集团,下辖数百个协会,包含不同规模的工商业组织三百余万个,因而该集团是全美乃至世界上最大的工商业利益集团。从1998年到2008年,COC 的政治游说支出累计达到3.7亿美元,高居全美各利益集团之首。COC 倡导国家间自由贸易,是支持贸易自由化的重要力量。

ACU 和 LCV 是美国最为重要的两个意识形态组织。其中 ACU 主要倡导当代保守运动的推行,由于其拥有一批强大的理论家和社会活动家,自1964年成立以来,该组织的活动对美国政治生活产生了极为重要的影响。1981年里根总统亲临 ACU 的保守政治行动会议现场,对 ACU 的活动大加赞赏。LCV 则是关注环境问题的意识形态组织,其通过多种方式对公众进行宣传教育,号召公众保护环境,在全美范围内影响力极强。该组织还定期评选出环境状况最差的区域,号召公众对这些区域的行政官员和议员进行惩罚,在 LCV 的压力下,环境状况差的选区的议员很有可能丧失连任的机会。ACU 和 LCV 深入到美国的政治生活当中,其历次为议员打分的成绩常被用来评价议员政治取向的重要依据。

具体到计量模型当中,如果 AFL-CIO 给某位议员打分高,则意味着该议员与劳工组织关系密切,或者该议员从前的投票行为符合劳工组织的利益,因此议

第五章　直接立法下美国对华贸易政策的形成机制

员获得 AFL-CIO 的打分越高,越倾向于反对 PNTR 议案。与此相反,COC 是重要的商业利益集团,因此获得 COC 打分高的议员倾向于代表商业集团的利益从而支持 PNTR 议案。ACU 属于代表保守者的利益集团,其出于对社会稳定等问题的考虑,常常会反对贸易自由化,尤其是针对给予中国 PNTR 待遇议案,他们认为大量从中国进口劳动密集型产品会导致国内非熟练劳动者失业或减少收入,因此会反对该议案;LCV 关注环境,常常以发展中国家不符合环保标准为由反对同发展中国家开展贸易。这样,我们预期获得 ACU 和 LCV 打分高的议员会倾向于反对 PNTR 议案。我们选取的打分结果均是这些利益集团在 2000 年为众议员的打分,其中 AFL-CIO 和 COC 打分结果来源于 vote-smart.org 网站,ACU 和 LCV 的打分结果分别来源于这两个利益集团的官方网站。

3. 描述议员所在选区社会特征的变量

第三类变量是描述议员所在选区社会特征的变量。每一届国会都把各州分为人口大致相等的若干个选区,每个选区选出一名众议员代表该区的人民。一州之内的不同地域会存在较大的社会经济差异,因此在考察议员投票结果的影响因素时,把描述社会经济特征的变量具体到每个选区是比较科学的估计方法。根据理论框架,选区人口的受教育程度越低、蓝领人口比例越高,代表该选区的议员越倾向于反对 PNTR 议案。因此,我们预期 No High School Rate、No College Rate 以及 Blue Collar Rate 同被解释变量(PNTR)负相关。以往很多学者对国际贸易政策进行政治经济分析时还常常加入农村人口比例和参加工会人口比例,前者能反映政府对社会公平的考虑,后者反映政府对工会意见的考虑。本章也加入这两个变量(分别为 Rural Rate 和 Unionization Rate),以考察美国政府制定对华贸易政策时,是否会关注农村人口的利益和工会的意见。美国的华裔人口数量较大,占全美人口的 8.7‰,他们是否会基于自身的血统而支持美国同中国开展正常贸易,以及他们的意见是否会被议员所采纳,都需要通过经验分析来验证,所以我们在计量模型中加入了华裔人口比例这个变量。No High School Rate 和 No College Rate 的数值是根据美国人口普查局(Census)发布的《第 106 届国会选区人口及住房状况特征》中的数据整理所得;Rural Rate、Unionization Rate

美国对华贸易政策的决策机制和形成因素

和 Blue Collar Rate 的数值则来源于科罗拉多大学 E. Scott Adler 教授整理的第 105 届国会(1997 年至 1998 年)选区的人口特征数据库①；Chinese Rate 来源于密歇根大学图书馆提供的数据库。

4. 描述议员所在选区经济特征的变量

第四类变量是反映议员所在选区的经济特征的变量。为了检验 Ricardo-Viner 模型预测的有效性，同时为了考察制造业和农业是否对美国对华贸易政策的形成具有重大的影响，我们加入了 Agriculture 和 Manufacture 这两个变量。变量 Agriculture 为选区内 2000 年从事农、林、渔业的人口比例，因为美国的农产品对中国具有比较优势，所以我们预期农业人口多的选区希望同中国开展正常贸易，来自该选区的议员倾向于支持 PNTR 议案。Manufacture 为选区内 2000 年从事制造业的人口比例，美国很多制造业都不同程度地受到了中国竞争产品的冲击，但一些制造业生产的产品十分依赖于中国市场，所以这个变量的预期符号不确定。某选区居民的收入状况和就业状况也会影响代表该选区的议员对贸易议案的投票结果，显然，选区内居民的失业率越高、人均收入水平越低，代表该选区的议员越倾向于反对 PNTR 议案，所以我们预期 Unemployment 会与被解释变量负相关，而 Per-capita Income 会与被解释变量正相关。这类变量的数值均来自于美国人口普查局(Census)发布的《第 106 届国会选区人口及住房状况特征》。

投票方程中的被解释变量为议员的投票结果，前文已经对其进行过描述。数据来源于国会季刊公司出版的《2000 年国会季度记录》。

---

① 这三个变量的数值在短期内都不会发生过大的变化，因此使用 1998 年的数值作近似替代是可行的。

第五章 直接立法下美国对华贸易政策的形成机制

第四节 经验分析结果

一、系数的估计结果

通过 Eviews 软件,我们用完全信息极大似然法对三个捐资方程和一个投票方程进行联合估计,计算结果是经过 56 次迭代得出的,我们将估计的结果列于表 5.2 之中。表 5.2 可以划分为两大部分,前一部分是捐资方程的估计结果,后一部分是投票方程的估计结果。对于投票方程,我们设定 0.5 为临界值,则方程所预测的投票结果的正确率为 75.46%。①

表 5.2 计量模型中系数的估计结果

变量	系数	t 统计量
商业集团捐资方程		
常数	219.99***	9.05
COC Rating	0.5444**	2.04
Ways and Means Committee	183.94***	6.95
Commerce Committee	154.18***	6.66
Terms	2.39432*	1.93
Democrat	-92.933***	-3.44
劳工组织捐资方程		
常数	-4.9038	-0.28
AFL-CIO Rating	0.0753	1.03
Labor Committee	0.0292	0.003

---

① 投票方程是用 Probit 方法估计的,用这种方法估计后得到的预测值都介于 0 和 1 之间。设定临界值为 0.5 的含义是:如果真实值为 1,预测值大于 0.5 则为预测正确;如果是真实值为 0,预测值小于等于 0.5 则为预测正确。

美国对华贸易政策的决策机制和形成因素

（续表）

变量	系数	t 统计量
Terms	-0.7708*	-1.87
Democrat	114.86***	10.35
Blue Collar Rate	41.422	0.27
Unionization Rate	126.06***	3.55
"意识形态组织"捐资方程		
常数	3.1169	0.13
LCV Rating	0.5157***	2.91
ACU Rating	0.4973**	1.96
Terms	-1.5250***	-2.99
Democrat	2.8316	0.19
PNTR 方程		
常数	2.0067*	1.78
利益集团捐资		
Business Contributions	0.0031***	4.18
Labor Contributions	-0.0094***	-2.68
Ideological Contributions	-0.0031	-0.92
议员个人特征		
Democrat	-0.0849	-0.20
AFL-CIO Rating	-0.0043	-1.64
COC Rating	-0.0008	-0.32
ACU Rating	-0.0088	-1.20
LCV Ratings	-0.0032	-0.60
议员所在选区社会特征		
No High School Rate	5.5189**	2.53
No College Rate	-2.3833	-1.40
Chinese Rate	1.0803	0.30
Rural Rate	0.0550	0.13
Blue Collar Rate	-31.902***	-4.09
Unionization Rate	2.2288**	2.03

第五章　直接立法下美国对华贸易政策的形成机制

（续表）

变量	系数	t 统计量
议员所在选区经济特征		
Agriculture	0.5711***	2.91
Manufacture	15.639***	3.36
Per-capita Income	−0.0075	−0.39
Unemployment Rate	−0.1294	−1.28
预测正确率	75.46%	
样本数	433	
对数似然比	−7 770.78	

* 表示估计的系数在 10% 的水平上显著；
** 表示估计的系数在 5% 的水平上显著；
*** 表示估计的系数在 1% 的水平上显著。

1. 捐资方程的估计结果

商业集团捐资方程的五个解释变量的估计系数均与预期方向一致并且显著，这说明本章的理论框架在一定程度上得到了实际数据的支持。COC 打分高的议员将比其他议员从商业集团那里获得更多的政治捐资，而筹款委员会和商务委员会的成员获得的政治捐资也远高于这两个委员会以外的众议员，商业集团还倾向于为任期长的议员提供更多捐资支持。另外，这一阶段，民主党人同劳工组织关系密切，所以平均来看，商业集团不愿向民主党议员提供更多捐资。

劳工组织捐资方程的估计结果稍显复杂。AFL-CIO 和 Labor 两个变量的符号与预期符号相反并且不显著，其可能的原因是：Labor 描述的是议员是否为教育与劳工委员会的成员，该委员会不是专门负责劳工相关事宜的委员会，因此劳工组织没有对该委员会的成员给予更多关注，从而并未给予该委员会成员更多的政治捐资；在 2000 年，劳联—产联并不是对每位众议员都给予打分，我们在进行数据处理时将变量 AFL-CIO 中的空缺项都赋值为 0，这可能会在一定程度上影响估计结果。Terms 和 Democrat 均显著，前者符号为正，后者符号为负，这充分体现了劳工利益集团参与政治生活的基本特点：他们对国会议员采取灵活的交往手段，经常更换在国会中的利益代言人，新进入国会的议员往往立足未稳，观点态度时常会左右摇摆,因而劳工组织会极力争取这些议员的支持,所以他们倾向于给新进入国会的议员提供更多的政治捐资,Terms 显著为负便不足为奇了;而这一时期劳工组织与民主党人打得火热,劳工组织宣扬的种种标准受到了民主党人的支持,于是劳工组织也投桃报李,给民主党人更多的政治捐资,所以 Democrat 显著为正。Blue Collar 和 Unionization 是以往文献在估计捐资时没有采用的变量,我们认为它们也会对劳工捐资产生一定的影响,便将其纳入计量模型之中,估计的结果告诉我们,议员从劳工组织获得的捐资与其所在选区的蓝领工人比例无关,而议员所在选区的工会人员比例越高,议员越容易从劳工组织那里获得政治捐资。

以人权和环保组织为代表的"意识形态组织"对国会议员的捐资也自有其特点。人权和社会问题是 LCV 和 ACU 这两个保守者同盟关注的焦点,获得这两个组织打分高的议员必然会与"意识形态组织"的立场相一致,因而会更多地获得"意识形态组织"的捐资支持。"意识形态组织"在国会内也没有十分稳定的利益代言人,不同时期会亲近不同派别、不同委员会的国会议员,他们也倾向于游说任期不长的议员,给他们提供更多的政治捐资,因而在"意识形态组织"捐资方程中,Terms 也显著为负。Democrat 不显著,说明"意识形态组织"的捐资变化性强,不具有党派性。

2. 利益集团因素对议案投票结果的影响

来看 PNTR 方程,Business Contributions 和 Labor Contributions 这两个关键的解释变量都与预期符号相符并且显著,说明商业集团和劳工组织的捐资通过影响议员的投票行为从而显著地影响美国对华贸易政策的形成。由于计量模型是非线性形式,系数估计值不具备边际的含义,但从两个变量的系数估计值(绝对值)的规模来看,在关于给予中国 PNTR 地位议案的投票中,一千美元的劳工捐资对众议员投票行为的影响远大于商业捐资对众议员投票行为的影响。Ideological Contributions 符号为负,但不具有显著性,说明在这个议案的投票过程中,"意识形态组织"没有显著地影响投票结果,其政治捐资对于改变议员投票结果的作用甚微,同时也充分说明了在这一阶段各种利益集团的斗争中,工商业利益

第五章 直接立法下美国对华贸易政策的形成机制

集团占据了上风,完全控制了斗争的局势。①

3. 议员个人因素对议案投票结果的影响

PNTR 方程中描述议员个人特征的五个变量都不具有显著性,说明在制定国家法律时,议员很难依照个人的政治抱负和社会理想行事,而要更多地考虑其他因素,如利益集团的压力、所在选区的社会及经济特征等。有一个问题值得考虑,即该议案主要是依靠共和党人的支持而通过的。总共有 221 名共和党众议员参加投票,其中 164 人投了赞成票,仅有 57 人投反对票,而在 211 名民主党众议员中,仅有 73 人同意该议案通过,反对者高达 138 人。关键的问题就在于民主党人此时站到了劳工组织一方,他们标榜自己关心工人的利益,对劳工组织提出的采用强硬手段迫使贸易伙伴改善劳动标准的意见表示支持,而中国显然属于"不符合劳工标准的低收入国家"那一类,于是民主党人倾向于反对同中国发展正常贸易关系。对投票结果的简单统计证实了这一点,但计量模型估计的结果却与我们的直觉不相符,这迫使我们考察模型的形式是否合理。在设定 PNTR 方程的形式时,为了尽量避免多重共线性,我们舍弃了任职期限和表示议员是否为重要委员会成员的三个变量,将这四个变量加入计量模型中再作估计,AFL-CIO 和 COC 这两个打分变量变得显著了,但 Democrat 仍然不显著,这说明模型形式不是造成 Democrat 不显著的原因。因为 Democrat 在商业捐资方程和劳工捐资方程中均显著,而商业捐资和劳工捐资这两个变量在 PNTR 方程中也都显著,这就是说,议员的党派特征已经让位于利益集团的政治压力,所以党派属性对投票结果的影响是通过政治捐资反映出来的,这最终导致了 Democrat 在 PNTR 方程中不显著。

4. 选区社会特征对议案投票结果的影响

按照 H-O 模型的预测,来自低技能人口比重大的选区的议员倾向于反对贸易自由化的议案,因此 No High School Rate 和 No College Rate 应该与 PNTR 负相

---

① 在 1993 年和 1994 年国会审议是否给予中国最惠国待遇的过程中,"原则组织"的影响作用很大,中国的最惠国地位一度岌岌可危,但随着时间的推移,"原则组织"要求中国改善人权状况的呼声在国会内丧失了其原有的影响力,因而在 PNTR 议案的投票过程中,"原则组织"捐资的影响作用甚微。

美国对华贸易政策的决策机制和形成因素

关,但我们的估计结果是:No High School Rate 显著为正,No College Rate 符号为负却不显著。抛开 H-O 模型,从美中贸易的现实来看,大量物美价廉的中国产品进入美国,给美国人民的生活带来了巨大的影响,美国从中国进口的很多产品都是超市中销售的廉价生活必需品,受到低收入阶层的广泛欢迎。如果学历越低则收入越低在平均意义上成立,那么 No High School Rate 显著为正就说明了美国低收入者愿意购买中国产品,并且他们的意见对自己选区的议员产生了重要的影响。因此,我们的计量模型估计出的结果与从需求角度出发的贸易现实相吻合,而并不支持 H-O 模型的预测。Chinese Rate 为正却不具显著性,说明在美国生活的华裔人群已经完全融入到美国的社会生活中,成为美利坚民族的一个重要组成部分,不因自己的血统而强烈支持同中国开展正常贸易。[①] Rural Rate 符号为正,但不显著,说明美国农村人口比例与对华贸易政策的形成不存在明显的相关性。Blue Collar Rate 与预期符号相符并且显著,证明了中国的劳动密集型产品大量进入美国,对美国的蓝领工人造成了很大的冲击,议员在进行对华贸易政策的决策时,不得不关注蓝领工人的利益。Unionization Rate 显著为正似乎与直觉不符,但实际上美国的工会范围很广,并非我们想象的仅是代表底层工人利益的组织,各种行业的从业人员都可能加入各自的工会。工会的复杂性使得这个变量的预期符号不确定,而估计系数为正说明支持美中正常贸易关系的工会组织作用明显。

另一个体现复杂性的变量是描述选区内制造业从业者比例的 Manufacture。在 2000 年之前,中国的制造业产品中,只有劳动密集型产品对美国具有比较优势,而美国的机电产品、高新技术产品都对中国具有比较优势,工业集团内部对华态度存在严重的分歧,我们本应像 Baldwin 和 Magee(2000)那样,按照一定的分类标准将制造业从业人员分到各具体的制造业部门当中,计算出具体部门的从业人员比例,但由于一些数据无法获得,我们只能用一个变量粗略地检验

[①] 一个有趣的例子可以证明这一点:俄勒冈州的众议员 David Wu 是华人,他与劳工组织保持着很密切的关系,AFL-CIO 为他的打分很高,他获得的劳工捐资数额也很高。Wu 不仅对 PNTR 议案投了反对票,在历次给予中国最惠国待遇的投票中也有投反对票的记录。

Ricardo-Viner 模型在预测贸易政策形成方面的作用。Manufacture 显著为正,说明在这一阶段,美国大型跨国公司(主要是机电产品和高新技术的生产者)主导了对华贸易政策的决策和形成过程。Agriculture 与预期符号相符并且显著,说明议员在进行决策时会考虑本国所具有的比较优势,这要么是农业利益集团游说的结果,要么是由于议员个人具有一定的国际贸易知识。Per-capita Income 和 Unemployment Rate 这两个经常被使用的变量不显著,意味着我们的计量模型不支持 H-O 模型的预测。[①]

二、进一步讨论

我们经验检验的结果证明了利益集团的捐资对于美国对华贸易政策的形成具有十分显著的作用,从而揭示出民主制度下,一国的对外贸易政策是政府和利益集团相互作用的结果。为了考察政治捐资对投票结果影响的作用到底有多大,我们进行了一系列模拟。首先,我们用计量模型估计出的系数求出 PNTR 的拟和值,该值表示的是每名众议员对 PNTR 议案投赞成票的概率,将全部拟和值(概率)相加,便得到了赞成票数的预测值(概率之和)。随后我们模拟了五种情况,分别求出各种情况下赞成票数的预测值:第一种情况,保持其他变量不变,令商业集团给每位众议员的政治捐资额为 0,我们预期在这种情况下赞成通过 PNTR 的票数会大大减少;第二种情况,保持其他变量不变,将劳工组织的捐资设定为 0,由于劳工组织的捐资起到阻碍 PNTR 议案通过的作用,没有劳工捐资时赞成票会大大增加;第三种情况是令"意识形态组织"的捐资为 0,我们预期这种情况也会增加赞成票的票数,但由于前面计量结果显示"意识形态组织"捐资的作用不显著,赞成票的增加量会很小;第四种情况,由于劳工组织和"意识形态组织"捐资的作用方向都是减少赞成票,我们将这两种捐资都设定为 0,在这

---

① 以往的贸易政治经济学文献中常常使用人均收入和失业率作为解释变量来考察政府制定贸易政策的决策过程,很多文献都得出保护水平同收入负相关,同失业率正相关的结论,从而验证了 H-O 模型的预测。Baldwin 和 Magee(2000)的经验检验结果同本书一致,表明议员是否支持贸易自由化同他所在选区的人均收入和失业率关系不显著。

美国对华贸易政策的决策机制和形成因素

种情况下,支持 PNTR 议案的众议员将会大量增加;第五种情况,我们设定了没有任何政治捐资的情形,以观察立法者在没有利益集团影响的世界里如何进行决策,这种情况的模拟结果无法预测。

  模拟结果列于表 5.3 之中。赞成票数的拟和值为 238.10,与实际值仅相差一票,说明我们的计量模型具有较强的预测能力。第一种情况下赞成票数的预测值为 138,比原始情况的预测值减少了 100 票,说明商业集团的捐资对于 PNTR 议案的通过产生了决定性的作用,因为根据我们的计量结果,如果没有商业集团给众议员的捐资,PNTR 议案将只能获得 138 张赞成票,这样的票数无论如何也不能使议案获得通过。没有劳工捐资时,赞成票数将达到 334 票,这说明劳工组织的捐资使 PNTR 议案的赞成票减少了 96 张,证明了劳工集团的捐资对美国对华贸易政策的形成也起到了举足轻重的作用。另外,商业集团的捐资总额为 12 587 万美元,而劳工组织的捐资总额为 3 272 万美元,仅为商业捐资的四分之一左右,但两种捐资对投票结果造成的影响则相差不大,说明劳工组织的捐资对议员决策产生的边际影响远远大于商业集团的捐资。第三种情况下的预测值为 252,这意味着"意识形态组织"的捐资使 PNTR 议案的赞成票减少了 14 票,而第四种情况下赞成票的预测值比原始情况下减少了 109 票,比第二种情况(仅有劳工组织捐资)下减少了 13 票,再一次说明了在 PNTR 议案的投票过程中,"意识形态组织"的力量日渐式微,只能对议员的决策产生十分微弱的影响了。最后,在一个没有利益集团捐资的世界里,PNTR 议案将以 246 票获得通过,也就是说,各种利益集团捐资的共同作用使议案的赞成票减少了 8 票,很明显,同中国开展正常贸易从总体上会使美国受益,各方都认识到给予中国 PNTR 地位的重要性,如果没有利益集团的作用,2000 年的 PNTR 议案也将会顺利地获得通过。

第五章　直接立法下美国对华贸易政策的形成机制

表 5.3　模拟结果

项目	数值
样本数	433
实际赞成票数	237
预测赞成票数（概率和）	238
无商业集团捐资情况下的赞成票数预测值	138
商业集团捐资对议案产生的影响（票数）	100
无劳工组织捐资情况下的赞成票数预测值	334
劳工组织捐资对议案产生的影响（票数）	－96
无"意识形态组织"捐资情况下的赞成票数预测值	252
"意识形态组织"捐资对议案产生的影响（票数）	－14
仅有商业集团捐资情况下的赞成票数预测值	347
劳工组织和"意识形态组织"捐资对议案共同产生的影响（票数）	－109
无任何捐资情况下的赞成票数预测值	246
三种捐资对议案共同产生的影响（票数）	－8

根据我们的模拟结果，商业集团和劳工组织的捐资会对 PNTR 议案的投票结果产生极为重大的影响，甚至直接决定议案能否获得通过，从而证明了美国对华贸易政策是"用于出售的"。[①] 从另一个角度考虑，如果各方都不对议员给予政治捐资，则 PNTR 议案也将顺利通过，实际上说明各利益集团的政治捐资的作用被互相抵消了。按照 Grossman 和 Helpman(1994)的思路，我们可以把议案的投票结果看成是各个利益集团和国会议员之间博弈的均衡解，各利益集团都认为，如果自己不对议员进行资金支持而对手却给予资金支持，则议员在立法过程中将更多地照顾对手的利益从而使自身利益受损（事实也正是如此），于是都对议员给予政治捐资，但他们的捐资却相互抵消了，与任何一方都不捐资的结果相同。也就是说，各利益集团试图通过政治捐资来换取议员的关注与偏袒，而最终的结果是，他们的捐资没有换回议员的偏袒，却换回了贸易自由化议案的通过。

[①] 当然，政治捐资不一定完全用来影响议员对贸易政策的决策，有时候是为了对其他公共政策的决策施加影响，所以政治学家们普遍认为利益集团的政治捐资无法直接"购买"贸易政策，而只能"购买"到"影响政策决策的通道"。

美国对华贸易政策的决策机制和形成因素

为了检验联立方程模型的形式是否合理,我们列出了每个方程残差之间的相关系数矩阵。如表 5.4 所示,投票方程的残差 ε_p 和三个捐资方程残差之间相关系数的绝对值均小于 0.1,从经验上可以得出 ε_p 和其他残差之间不存在显著相关性的结论,因而我们估计出的结果具有无偏性和一致性。三个捐资方程的残差之间具有显著的相关关系,说明我们同时将三个捐资方程纳入计量模型进行联立估计是必要的,同时也说明了不同性质的利益集团具有相似的捐资动机和捐资方式。

表 5.4 各方程残差的相关系数矩阵

	ε_p	ε_b	ε_l	ε_i
ε_p	1.000			
ε_b	0.049	1.000		
ε_l	0.054	0.203	1.000	
ε_i	0.016	0.558	0.428	1.000

第五节 本章结论

通过对美国众议员投票行为的定量分析,本章得出如下结论:

第一,美国对华贸易政策是在政府和利益集团的共同作用下产生的均衡结果,利益集团给议员提供的捐资十分显著地影响议员对贸易议案的投票结果。模拟结果还显示,如果商业集团不动用金钱去影响议员的决策行为,那么克林顿总统提出的给予中国 PNTR 地位的议案将无法获得通过。

第二,在美国对华贸易政策的决策和形成过程之中,议员的个人因素几乎不能发生任何作用,议员的投票行为并不反映其所持的社会理想和政治抱负。尽管美国社会十分崇尚发扬个性,但民主共和制的政体决定了议员在立法过程中不能过多地融入个人意志。

第五章　直接立法下美国对华贸易政策的形成机制

第三,美国对华贸易政策的决策机制有时与直觉不符,也不完全符合经典贸易理论模型(如 H-O 模型)的预测。选区内居民的受教育水平、失业率和人均工资水平与议员的投票行为没有显著关联,这与 H-O 模型的预测相悖,同时也说明议员在制定贸易政策时并没有过多地关注本选区的社会和经济状况,或者是对这些问题的关注让位于对政治捐资的渴求。

第四,Ricardo-Viner 模型的预测在一定程度上被我们的结论所证实。公众会基于所属行业的不同而对贸易议案持有不同的态度,他们所在选区的议员会在一定程度上考虑来自行业内部的声音。

第六章 权力委派下美国对华贸易政策的形成机制
——以反倾销裁定为例的经验分析

第一节 研究背景

随着贸易自由化进程的不断深入,各国纷纷削减关税壁垒,但在关税水平大幅降低的同时,各国又谋求通过非关税壁垒来保护本国产业。反倾销作为一种重要的非关税壁垒,由于具有针对性强、杀伤力大、便于操作等特点,并且属于WTO规则允许的贸易救济措施,越来越受到世界各国的青睐。美国作为世界头号经济强国,很早便开始利用反倾销来限制别国进口,保护本国特定产业。随着GATT/WTO多轮贸易谈判的成功举行,美国等工业化国家的关税水平削减到4%左右,因而美国对反倾销这一有力武器越来越重视:近年来反倾销立案数量不断增多,对外国产品所征反倾销税的税率也逐年提高。[①]

中国是美国重要的贸易伙伴,自1979年中美建交、双边贸易关系正常化以来,两国的贸易额逐年上升,但与此同时,美国对华贸易逆差不断加剧,导致双边贸易摩擦屡有发生,再加上两国在意识形态上存在着较大的差异,以及长期以来形成的特殊关系,美国对中国产品高筑非关税壁垒,频繁使用各种手段限制中国产品进入其国内,而反倾销成为其中最重要的手段。Bown 和 McCulloch(2005)

---

① Evans 和 Sherlund(2006),图3.1;也可参阅 Blonigen(2003)的论述。

第六章　权力委派下美国对华贸易政策的形成机制

指出,美国对华实施反倾销措施具有明显的歧视性:20世纪90年代以来,中国已成为美国反倾销调查的头号目标(被调查次数最多);中国在涉案调查中被征收反倾销税的可能性最大(导致征税的数量最多、比例最大);中国往往是唯一被调查的国家,即调查是专门针对中国进行的;中国被征收反倾销税的平均税率最高,而且当中国和其他国家被一同征收反倾销税时,中国企业被征税率要明显高于其他国家。由此,中国对美出口受阻,中国企业因此遭受了巨大的损失,歧视性的对华反倾销给中美双边贸易的正常发展蒙上了一层阴影。

随着中国经济的崛起,中美之间的经贸关系日益密切,美国对外贸易政策与中美经贸交往息息相关,对中国的经济发展影响重大。国会将反倾销裁定的权力委派给行政机构和准司法机构,所以我们有必要探究这种权力委派下的贸易政策的决策和形成因素。具体地,美国实施歧视性的对华反倾销措施背后,隐藏着哪些驱动力量？美国当局判定中国产品是否存在倾销以及计算倾销幅度时,主要考察哪些因素？这些因素对政府最终决策所产生的作用是否相等？如果不相等,孰轻孰重？本章试图通过贸易政策的政治经济学视角进行经验分析,以回答上述关于美国对华反倾销的一系列问题。

本章由六部分组成,结构安排如下。第二部分介绍美国反倾销的决策程序,指出本章从贸易政策的政治经济学视角探究美国对华反倾销税决定因素的必要性,并对研究反倾销决策的影响因素的文献做出评述。第三部分探讨影响美国对华反倾销决策的各类因素,并提出有待检验的命题。第四部分介绍经验分析的方法,并对数据进行描述。第五部分介绍经验分析的结果。第六部分得出全章结论。

美国对华贸易政策的决策机制和形成因素

第二节 关于美国反倾销决策的研究评述

一、美国反倾销的裁定程序

美国国际贸易委员会(USITC,2005)为"倾销"所下的定义为:以低于公平价值销售产品的行为。具体来说,是指经过剔除商品、购买数量和销售环境的差异之后,外国商品在美国市场上以低于本国市场的价格("正常价值")进行销售的行为;如果某种外国商品在其国内市场的销售量不足,则选取一个"第三方国家"作为替代国,以该商品在"第三方国家"的售价来确定"正常价值";如果某种外国商品在其国内市场和"第三方国家"的销量都不足,则使用"成本加利润"的方法构造出一个"推定价格",以此来确定"正常价值";如果被诉倾销的厂商来自非市场经济国家,则使用"替代国"方法来计算倾销幅度,即先搜集被诉厂商在生产涉案商品中投入的各种生产要素的数量,再选择一个经济发展水平相近的、具有可比性的市场经济国家作为"替代国",然后搜集这些生产要素在"替代国"市场上的价格,以此来确定生产成本,在对包装、运输和利润进行调整后构造出"正常价值"。①

从理论上讲,反倾销税是为了保护本国产业、打击外国厂商以低于"正常价值"向本国出售商品的"不公平"行为而征收的。② 在实践中,判定是否存在倾销和实质性损害是非常困难的,甚至如何定义"正常价值"、"公平价值"都绝非易事,这就为决策机构在进行裁定时提供了极大的自由度,裁定结果也极具伸缩

---

① 根据1999年中美两国签订的中国加入WTO的双边协议书,美国可以维持其目前的反倾销方法,该方法将中国作为非市场经济国家对待,有效期为15年。
② 首先要由相关部门判定国外厂商存在倾销行为,然后还要判定倾销行为是否对国内产业造成了实质损害或实质损害的威胁。只有在确认从国外进口的商品存在倾销、存在实质性损害或损害威胁并且二者之间有因果关系时,反倾销税才可征收。

第六章 权力委派下美国对华贸易政策的形成机制

性。很多学者,如 Hansen 和 Prusa(1997)、Blonigen(2003)指出,不仅经济指标会对决策机构在裁定是否存在倾销和损害时产生影响,而且一些政治变量也同样会对决策结果发生作用。

在美国,进行反倾销裁决的相关机构有两个,一是商务部(DOC)下属的国际贸易署(ITA),二是国际贸易委员会(ITC)。国内的申诉者(通常是厂商或劳工组织)向这两个机构提出申诉,指出国外厂商以低于"正常价值"在美国市场上销售产品的行为,并向这两个机构寻求保护。ITA 决定是否存在倾销,如果存在,则计算倾销幅度,该幅度就是日后征收反倾销税的税率;ITC 决定本国产业是否由于倾销而遭受损害。ITA 和 ITC 都进行两次裁定——初裁和终裁,只有在两个机构都做出确认的终裁之后,反倾销税才被征收。两个机构的裁定过程在很大程度上具有主观性和任意性,尤其是 ITA 在计算倾销幅度时,有多种方法可以选择,不同的方法对最终结果影响很大,这就为申诉者进行游说活动从而影响裁定结果提供了可能。事实上,美国大多数公司和劳工组织都会组成政治行动委员会(PAC),并通过委员会向国会议员提供政治捐资,捐资的多少代表公司和劳工组织与国会议员的亲疏远近。那些具有较强政治力量的申诉者往往通过 PAC 为国会议员提供较多的捐资,因而在国会拥有了自己的代言人,而国会议员,尤其是主管贸易事务委员会的议员可以通过各种方式对 ITA 和 ITC 施加压力(Baldwin,1985),从而使裁定结果对他们所代表的申诉者有利。尽管政治捐资只能起到间接影响政府部门裁定结果的作用,但捐资的多寡可以代表申诉者的政治势力,从而使这种间接作用并不渺小,因此捐资数目是影响反倾销裁定过程最重要的政治因素。

在裁定程序具有如此鲜明特点的背景下,如果仅从经济因素来考察美国对华反倾销税的决策过程,就无法探明美国对华反倾销税存在巨大歧视性的原因。贸易政策的政治经济学恰好为我们分析美国对华反倾销税的决定因素提供了新的视角,它试图解释现实世界中,政府为何实行各种形式的贸易干预政策,并且明确地考虑了政策制定的政治背景,引入新政治经济学的范式,阐释和描述贸易政策制定的政治意图、决策过程、机制和影响因素,并从政策决策过程的角度来

美国对华贸易政策的决策机制和形成因素

探究贸易干预的结构、水平和形式。其基本结论是:政府之所以选择次优政策,是因为其目标并非是实现经济效率最大化,贸易政策可能是政府实现社会福利函数和提供社会保险的方法,也可能是政府为了寻求政治支持或竞选获胜而在政治市场上向利益集团出售的商品,也可能是政府兼顾二者的折中结果。综上,贸易政策的政治经济学可以用于分析政策的决策者(ITA、ITC)和反倾销案件的申诉者(厂商和劳工组织)之间进行互动、最终形成裁定结果的过程。

二、反倾销决策的影响因素

有关反倾销研究的文献众多,很多学者从不同侧面对其进行了深入细致的分析。本章的目的在于探索影响美国对华反倾销税决策的政治经济因素,所以我们仅对研究美国反倾销决策的影响因素的文献进行评述。

Finger、Hall 和 Nelson(下称 FHN)(1982)和 Baldwin(1985)首开先河,对影响 ITC 裁定是否存在损害的政治经济因素进行了经验检验,他们指出在 ITC 进行裁定的过程中,不仅经济因素会对裁定结果产生影响,而且来自行业的政治压力也会对 ITC 的裁定结果产生显著的影响。这两篇文献不仅创立了对该问题进行经验分析的框架,并且揭示出 ITC 进行裁定过程中的机制特点,还引入了贸易政策的政治经济学分析方法。此后,研究 ITC 进行裁定的影响因素的所有文献都是沿用了相同的分析框架,估计了类似的决策方程,并且都使用了 Logit 或 Probit 方法,大多数的文献也都加入了反映行业政治压力的变量作为解释变量。

Andeson(1993)、DeVault(1993)、Moore(1992)以及 Baldwin 和 Steagall(1994)使用 ITC 公开发布的报告中给出的数据,对影响 ITC 裁定结果的因素进行检验,他们的估计结果与 FHN(1982)和 Baldwin(1985)的结论并不一致,都认为政治压力对 ITC 裁定结果几乎没有影响。造成这种差异的原因或许是 Andeson 等学者仅考察了 ITC 公开发布的报告中所包含的反倾销案件,而 ITC 公开报告案件需满足两个条件,一是报告不会泄露商业机密,二是申诉者同意。所以公开发布的案件仅占全部案件的 20%,这可能会造成样本选择问题:排除了 80% 的样本,很可能将那些申诉者政治势力强的案件排除出去。

第六章 权力委派下美国对华贸易政策的形成机制

Hansen 和 Prusa(1996,1997)、Prusa(1998)解决了上述问题,他们并非仅限于分析 ITC 报告中包含的案件,而是将反倾销案件中涉及的产品归并到 SIC 分类之中,从而可以突破 ITC 报告的限制,对 ITC 裁定的全部案件进行分析。① 这些分析中包含的样本量大大增加,但是引起了一个新的问题:在估计计量模型时,使用的是 SIC 四分位或五分位的数据,这会造成在加总过程中形成的误差。例如,在裁定是否损害的过程中,ITC 会考虑某种商品的进口渗透率,而计量模型中无论使用的是 SIC 四分位还是 SIC 五分位的数据,都属于一类商品而非一种商品的数据,所以并不确切。尽管存在这些问题,Hansen 和 Prusa(1996,1997)以及 Prusa(1998)的研究均表明,经济因素和政治压力都会对 ITC 裁定是否损害的结果构成显著影响。

与 ITC 裁定是否损害相似,ITA 裁定倾销幅度也会受到一些政治经济因素的影响,关注这一领域的文献也逐年增多。Boltuck 和 Litan(1991)分析了 ITA 裁定倾销幅度时使用的方法,认为这些方法明显具有随意性,从而为 ITA 在裁定过程中偏向某些申诉者提供了可能。Baldwin 和 Moore(1991)检验了 20 世纪 80 年代 ITA 裁定倾销幅度的影响因素,他们的结论是:大多数可观察到的经济因素,例如进口量和本国产量的变化,对 ITA 裁定倾销幅度的最终结果几乎没有影响。然而,ITA 使用"可获得的事实"②计算出的平均倾销幅度,比全部案件的平均倾销幅度高 9 个百分点。Lindsay(1999)考察的因素更多,他指出,在 1995 年到 1998 年之间,ITA 裁定的全部案件中,使用"可获得的事实"计算出的平均倾销幅度为 95.58%,而全部案件的平均倾销幅度仅为 44.68%;另外,使用国外厂商在其本国或第三国市场上的售价来确定正常价值的案件,同使用"推定价格"、非市场经济国家方法或"可获得的事实"等方法来确定正常价值的案件相

---

① ITC 报告中将涉案产品的经济指标(如进口渗透率等)公布于众,但其公布的案件数十分有限。如果抛开 ITC 报告,涉案产品的经济指标无法获得,只能将具体产品归并到 SIC 分类之中,因为按照 SIC 分类的产品的各种经济指标容易获得。

② 这是乌拉圭回合之后,美国采取的计算倾销幅度的一种方法,在乌拉圭回合之前被称为"可获得的最佳信息"。ITA 会向涉案的国外厂商发出问卷,要求其提供详细的数据,借以计算倾销幅度。如果国外厂商未能提供精确有用的数据或者没有应诉,则 ITA 使用"可获得的事实"方法。

美国对华贸易政策的决策机制和形成因素

比,前者的倾销幅度要远远低于后者。Lindsay 和 Ikenson(2002)搜集了 18 起美国反倾销案件中被诉的国外厂商的成本数据,这使他们可以直接模拟 ITA 裁定倾销幅度时所采用的不同方法,其结果显示,不同的计算方法对计算出的倾销幅度影响很大。

Blonigen(2003)观察了 1980 年到 2000 年 ITA 裁定的倾销幅度不断增大的现象,考察了 ITA 计算倾销幅度时选取的不同方法对计算结果的影响,并得出如下结论:尽管美国的法律对反倾销裁定的程序进行了十分详尽的规定,但 ITA 在进行裁定时仍然有任意发挥的广阔空间,其在计算倾销幅度时所用方法的变化,造成了美国反倾销税率不断增长的趋势。

通过以上的评述,我们可以看出,使用 Probit-Logit 方法对 ITC 裁定损害的影响因素进行分析的文献中,大多加入了表示政治压力的变量;而研究倾销幅度的决定因素的文献中,大多没有考察政治因素。[1] 同时,目前尚没有文献研究美国针对某一目标国的反倾销裁定结果受哪些因素影响。

本章将通过贸易政策的政治经济学视角来研究 ITC 和 ITA 在裁定对华反倾销案件过程中受哪些因素的影响,以及各种因素的重要程度。我们搜集了 1980 年到 2005 年,美国对华反倾销的全部案件的申诉者为国会议员提供的捐资数额,以此作为解释变量来考察政治压力因素对政府机构的决策会造成哪些影响,这不仅弥补了已有的文献在考察 ITA 决策时,鲜有纳入政治因素的不足,同时也率先分析了美国针对一个特定目标国的反倾销裁定的影响因素。此外,我们搜集到的数据最新、最全、针对性最强,通过对新数据的分析有利于把握美国对华反倾销税决策的最新状况和未来走势。

---

[1] Evans 和 Sherlund(2006)用 1980 年至 1995 年美国反倾销税的数据检验 Grossman 和 Helpman(1994)的"保护待售"模型,并得出了支持该模型的结论。由于"保护待售"模型把影响贸易政策的政治因素和经济因素紧密地结合在一起,Evans 和 Sherlund(2006)的工作在验证了模型假说的同时,还提供了关于影响美国反倾销税决策的政治经济因素的有益信息。这也是为数不多的考察政治压力对反倾销税率(倾销幅度)影响的文章。

第六章 权力委派下美国对华贸易政策的形成机制

第三节 影响美国对华反倾销决策的主要因素

根据贸易政策的政治经济学的研究成果以及美国相关机构决策的实践,我们认为有三类因素会影响美国对华反倾销决策。第一类因素是反映申诉者政治压力的变量;第二类是反映申诉者所属行业经济特征以及美国宏观经济形势的变量;此外,我们考察的案件都是针对中国的,所以反映中国因素的变量也会对决策过程及结果产生影响。

一、政治压力

贸易政策的政治经济学生动地刻画出政治市场的形成过程及运行方式。Stigler(1971)和 Peltzman(1976)指出,利益集团通过院外游说和施加压力等方式向政客谋求对自己有利的政策,政客们为了谋求政治支持最大化从而向特定的利益集团给予有利的政策,同时换取利益集团的各种支持。这样,以公共政策为商品的政治市场就形成了,利益集团为买方,政客为商品的出售者。Grossman 和 Helpman(1994)创立了一个描述政府和利益集团互动,最终形成贸易政策的精巧模型。作者假定利益集团由专属要素组成,他们向政府提供政治资金以换取关税或出口补贴,不同的政治捐资对应不同的关税或补贴水平,这就形成了所谓的"捐资价格表"。Grossman 和 Helpman 认为一个行业获得的保护水平与其组成利益集团的能力呈正相关关系,与进口需求弹性呈负相关关系,而与进口渗透率的关系则受行业能否组成利益集团的影响。

以上文献说明了利益集团对贸易政策的最终形成会产生重要的影响,但利益集团的游说和捐资活动都是针对国会议员,并非对 ITA 和 ITC 的成员,Baldwin(1985)在利益集团和行政官员之间架起了一座桥梁。他指出,国会当中的重要委员会能对 ITC 的裁定过程施加十分重要的影响,因为国会议员对 ITC 委员

美国对华贸易政策的决策机制和形成因素

不仅可以进行直接的说服和施压活动,而且还可以通过预算约束对其进行控制。当某个利益集团的成员(厂商或劳工组织)提出对华反倾销诉讼时,必然会向与其关系密切的议员寻求帮助,议员们对 ITA 和 ITC 施加压力,从而使裁定结果对自己所代表的利益集团有利。Hansen(1990)的经验检验证实了 Baldwin(1985)的理论假说,她指出国会议员可以通过一系列奖惩措施来控制行政官员,譬如预算分配、监管听证会、立法活动以及舆论宣传等。

在以上文献的基础上,我们总结出如下特点:美国对华反倾销税的最终形成是三个主体之间互动的结果,这三个主体分别是利益集团、国会议员和裁决机构。ITA 和 ITC 等裁决机构的裁定结果深受利益集团政治压力的影响,而国会议员对行政官员的施压过程则是联系裁决机构和利益集团的桥梁。具体来说,利益集团为实现其利润最大化,动用捐资游说国会议员;议员为了谋求政治支持最大化,代表利益集团向裁决机构施加压力;裁决机构为了寻求机构预算的最大化,不得不听取国会议员的意见,因而裁定结果反映了国会议员及其所代表的利益集团的呼声。图 6.1 是对这一过程的简明表述。

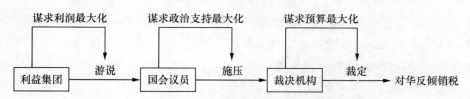

图 6.1 利益集团对美国对华反倾销税裁决结果的影响机制

我们认为有两组变量可以描述申诉者所组成的利益集团的政治压力。一是申诉者组成的 PAC 为国会议员提供的政治捐资,二是反映申诉者所在行业的规模和集中度的变量。

第一,提出反倾销诉讼的厂商和劳工组织大都会组成 PAC,通过 PAC 向国会议员提供政治活动捐资,捐资的多寡可以反映申诉者的政治活跃程度和政治势力,当然也可以反映出申诉者同国会议员之间关系的密切程度。这样,捐资数目不仅可以展现出国会议员感受到来自申诉者的压力的大小,还可以展现出国会议员对申诉者的支持程度。我们搜集到每一起对华反倾销案件的申诉者对国

第六章 权力委派下美国对华贸易政策的形成机制

会议员提供捐资的数目,以此作为解释变量,来考察捐资数目对裁决机构最终裁定结果的影响情况。特别地,我们使用的捐资数额是申诉者本身对议员的捐资额,而不是以往的文献中所使用的按一定标准(如SIC-4)分类的全行业捐资额,这种一一对应的确切关系能够保证我们使用的捐资额同特定案件的裁定结果之间的联系更为紧密。

第二,根据贸易政策的政治经济学的研究成果,我们认为申诉者所属行业的规模和集中度能在很大程度上反映申诉者对议员的政治压力。Olson(1965)指出,如果一个行业的规模较小,则该行业可以克服"搭便车"的现象,从而更有效地组织起来并对议员采取游说行动、施加政治压力。根据Olson的观点,申诉者所属行业的规模越小,对国会议员的政治压力越大,从而越有可能获得对自己有利的反倾销裁定结果。反之,Becker(1983)认为,规模小的行业在创造政治压力方面缺乏规模经济,而且规模大的行业可以提供更多的选票、资金和组织支持,从而施加更多的政治压力。所以根据Becker的观点,申诉者所在行业的规模越大,越有可能获得对自身有利的反倾销裁定结果。综合以上假说,我们无法预测行业规模对反倾销裁定结果的影响方向,只能等待经验检验的结果来告诉我们答案。我们使用行业的雇佣人数来表示该行业的规模。

根据Pincas(1975),一个行业的集中度越高,越可能获得更多的保护,因为那些存在着几个占支配地位厂商的行业,比起仅存在一些小厂商的行业来说,更能有效地组织起来形成政治压力。我们选取了前四位厂商的产值占整个行业比重(CR4)和Herfindahl指数来衡量行业的集中度。此外,Brock和Magee(1978)指出,一个行业的工会人口越多,说明该行业的政治活跃程度越强,因此我们也加入了工会人口比例这个变量。

通过上文的论述,我们可以给出有待检验的两个命题:

命题6.1:申诉者为国会议员提供的政治捐资越多,则其政治影响力越强,其提出申诉的案件被ITC裁定为损害的可能性越大,被ITA裁定的倾销幅度也越大。

命题6.2:申诉者所属行业的规模越大、集中度越高,则其政治影响力越强,

美国对华贸易政策的决策机制和形成因素

其提出申诉的案件被 ITC 裁定为损害的可能性越大,被 ITA 裁定的倾销幅度也越大。

二、经济因素

根据美国的反倾销法律,ITC 裁定是否存在损害,和 ITA 计算倾销幅度时,要考察涉案商品及其所属行业的一系列经济因素,例如涉案商品的价格、商品在本国的销售情况、行业的资本利用情况、利润率、生产率和进口渗透率等。所以我们认为申诉者所属行业的经济特征也会在很大程度上影响反倾销案件的裁定结果。

从法理上讲,征收反倾销税的目的是对本国厂商给予贸易救济,是要以本国厂商因国外厂商的不公平贸易行为而遭受损害为前提的。那么,如果某个行业面临着进口竞争产品的大量涌入,将会增加其获得贸易救济的可能性。我们引入进口渗透率(进口产品的价值除以国内产量的价值)这个指标来衡量某一行业面临的进口竞争状况,以检验 ITA 和 ITC 在进行对华反倾销税的裁决过程中,是否关注涉案产品所面临的进口竞争状况。

从经济学含义上讲,一个行业的进口替代弹性越高,其从政府获得的贸易保护越低。因为征收反倾销税这种贸易保护措施会造成无谓损失,从而降低整个国家的福利。一个行业的进口替代弹性越高,征收反倾销税造成的无谓损失越大,政府越不倾向于给这样的行业给予贸易保护。[①] 所以我们纳入了涉案产品所属行业的进口替代弹性,考察经济学理论的政策含义能否在现实中被政府决策者考虑。

ITA 和 ITC 在进行反倾销裁定时,还要考虑申诉者所在行业的经济效率和社会影响。如果一个行业的生产效率高,属于集约型发展的行业,或者属于新兴行业,有光明的发展前景,那么在政府看来,这样的行业更"值得"保护,于是倾向为其提供更高的保护水平。我们引入人均附加值(附加值除以雇佣人数)

---

① Grossman 和 Helpman(1994)的"保护待售"模型就具有这个含义。

这一变量来表示行业的经济效率。另外,出于稳定社会、对低收入者同情的考虑,政府会对那些从事生产性工作的工人比重高的行业给予更多的保护,因为从事生产性工作的工人通常技能水平较低、收入较低,对他们的保护代表了政府对社会影响的考虑。

除上述行业因素外,宏观经济形势也是裁决机构在裁定反倾销案件时重要的考虑因素。一般说来,如果美国正处于经济衰退期,则某个行业面临的销量和利润的减少可能是由于宏观经济形势造成的,而并非国外厂商的不公平贸易行为造成的,所以在美国的贸易赤字高、失业率高的年份,ITA 和 ITC 可能会较为谨慎地给予申诉者贸易救济。

综合以上分析,我们提出以下两个命题:

命题 6.3:申诉者所在行业的进口渗透率、弹性以及经济效率和社会影响等因素都会影响 ITA 和 ITC 对案件的裁定结果。

命题 6.4:在美国的贸易赤字高、失业率高的年份,ITC 倾向于对是否构成损害做出否决的裁定,而 ITA 倾向于对案件裁定较低的倾销幅度。

三、中国因素

因为我们研究的是美国对华反倾销税的决定因素,所以还要考察与中国相关的各项因素对裁决结果的影响。Bown 和 McCulloch(2005)指出,美国对华反倾销案件中,中国往往是唯一被调查的国家,而近年来美国大多数反倾销调查中,往往涉及多个国家的同类产品。因为 20 世纪 80 年代末,美国修改了国内的反倾销法,允许采用累加的方法进行损害的裁决,即涉案进口产品的进口水平可在多个来源国家的基础上累加,使用这种方法可以增加 ITC 做出损害裁决的可能性。而美国的申诉者偏偏对中国企业"情有独钟",经常单独对中国企业发起申诉,这背后是否另有原因?单独申诉中国的案件是否更容易被 ITC 裁定为损害?是否会被 ITA 计算出更高的倾销幅度?这些疑问有待于经验检验的结果来回答。

双边的贸易状况也会对反倾销的裁定结果产生一定影响。我们考察的时期

◆ 美国对华贸易政策的决策机制和形成因素

较长,从1980年到2005年间,不同时段美国对华反倾销具有不同的特点。1990年之后美国对华反倾销案件数不断增加,ITA裁定的反倾销税率也不断增加,这与美国对华贸易逆差的变化状况是否具有相同或相似的变化趋势?我们将通过对数据的分析来说明。

经过对反倾销案件进行简单的统计,我们可以进一步对理论框架加以扩充。如表6.1所示,在美国对华反倾销的全部案件中,涉案数量最多的三大类行业为钢铁业、化工业和机电业,这三个行业又各自具有鲜明的特点。

钢铁业是传统的政治势力强大的行业,其在国会拥有自己的中心小组,专门维护本行业的利益,而美国钢铁业又面临巨大的国外产品竞争压力,钢铁企业一旦破产,其为数众多的失业员工将为美国社会造成极大的不安定因素,因而该行业寻求贸易保护的呼声最为猛烈,也往往容易得到政府的保护,2002年布什总统给予钢铁业贸易保护也成为当时国际贸易领域最为引人注目之事。

化工业是美国另一个政治势力强大的行业,化工企业往往能有效地组成利益集团,对国会议员进行游说和捐资活动,并且20世纪80年代和90年代,中美化工品贸易额日益增加,美国的化工行业纷纷声讨中国的不公平贸易行为,而在对华反倾销案件的裁决结果中,涉及化工产品的案件有75%被ITC裁定为构成损害,所以该行业寻求保护的能力也不容忽视。

涉及机电产品的案件中,ITC确认的比例不高,征收的税率也低于平均水平,但20世纪90年代以来,中国对美机电产品的出口额有了迅猛的增长,因此

表6.1 美国对华反倾销案件的统计指标(1980—2005)

	案件数	专对中国数目	专对中国比率	ITC确认损害数目	确认损害比率	税率均值	税率标准差
全部	111	56	50.5%	74	66.7%	111.2%	80.1%
钢铁业	37	11	29.7%	27	73.0%	99.0%	66.9%
化工业	32	19	59.4%	24	75.0%	117.8%	76.5%
机电业	14	5	35.7%	5	35.7%	93.2%	165.7%
其他	28	20	71.4%	18	64.3%	136.8%	76.0%

资料来源:http://www.brandeis.edu/~cbown/global_ad/;Federal Register;Import Injury Cases Statistics(FY1980—2005)。

第六章 权力委派下美国对华贸易政策的形成机制

该行业的地位也较为突出。综上,我们又引入三个表示行业大类的虚拟变量,分别代表钢铁业、化工业和机电业。

下面给出有关中国因素的三个命题:

命题 6.5:如果一起案件是专对中国厂商发起的,则该案件被 ITC 裁定为损害的可能性会增大,被 ITA 裁定的倾销幅度也会增大。

命题 6.6:在美国对华贸易逆差严重的年份,ITC 更倾向于对涉及中国的反倾销案件做出确认损害的裁定,ITA 倾向于对这些案件裁定较高的倾销幅度。

命题 6.7:如果一起案件的涉案产品属于钢铁业、化工业或机电业,则该案件被 ITC 裁定为损害的可能性会增大,被 ITA 裁定的倾销幅度也会增大。

至此,我们完成了刻画美国对华反倾销税决策影响因素的理论框架,接下来的任务,是要检验我们在此提出的各个命题能否得到实际数据的支持。

第四节 经验分析方法与数据

一、计量方法

本章对 1980 年到 2005 年美国对华反倾销税的决定因素进行两组经验分析。

首先,我们检验 ITC 裁定是否构成损害的影响因素,这个检验通过单方程估计来实现,方程形式如下:

$$\text{Injury} = F(A_p' P + A_e' E + A_c' C) + \varepsilon \qquad (6.1)$$

ITC 的裁定结果 Injury 为被解释变量,确认为 1,否决为 0,由于被解释变量为 0-1 变量,我们采用 Probit 方法对(6.1)式进行估计,F 是累积标准正态分布。P 为反映申诉者及其所在行业政治特征的向量,E 为反映申诉者及其所在行业经济特征的向量,C 为反映中美双边贸易状况的向量。A_p'、A_e' 和 A_c' 为系数矩阵，ε 为残差项。为了考察各类因素对裁定结果影响作用的差异，我们设定了四个方程：第一个方程中包含了全部的解释变量，后三个方程分别剔除了政治压力因素、经济因素和中国因素（即分别剔除向量 P、E 和 C）。

然后，在检验 ITA 裁定倾销幅度的影响因素时，其裁定的倾销幅度作为被解释变量，一系列反映政治经济特征及中国因素的变量为解释变量。在此，我们没有使用捐资数额（或其对数值）作为反映政治压力的解释变量，而是构造了一个虚拟变量 I，以此来反映申诉者是否能对国会议员形成压力。在设定 I 的取值时，我们根据捐资数额来设置"门槛"①，捐资额在门槛值之上者，被认为在政治上有组织，从而能对国会议员形成政治压力，则 $I=1$；捐资额在门槛值之下者，$I=0$。较之捐资数额（或其对数值），I 这个变量更能反映申诉者之间政治力量的对比，可以更深刻地揭示利益集团的政治压力对美国对华反倾销税最终形成的影响作用。关于倾销幅度，即最终征收的反倾销税率 Duty，我们考虑其变化范围过大，从不足 1% 到接近 400%，所以对其进行了标准化，即使用 Duty/(1+Duty) 作为被解释变量，这种单调变换可以将被解释变量的范围控制在 0 和 1 之间而保持其原来的变化趋势。另外，有两个解释变量具有内生性，即反映政治压力的变量 I 和进口渗透率的倒数 Z，我们选取了一系列影响 I 和 Z 的变量分别对其进行回归，特别地，我们使用 I 和 Z 滞后一期的数值作为其解释变量。这样，检验 ITA 裁定反倾销税率时，我们采用联立方程的形式，除了对 Duty/(1+Duty) 进行回归外，还对两个具有内生性的解释变量回归，联立方程系统的形式如下：

$$\frac{\text{Duty}}{1+\text{Duty}} = A'X + \varepsilon_D \quad (6.2)$$

$$I = B'Y + \varepsilon_I \quad (6.3)$$

$$Z = C'W + \varepsilon_Z \quad (6.4)$$

其中 Duty 为 ITA 裁定的对华反倾销税率，X 为影响税率形成的向量，其中包含政治压力因素、经济因素和中国因素；Y 为影响申诉者能否组成压力集团的

---

① Goldberg 和 Maggi(1999)在检验 Grossman 和 Helpman(1994)的"保护待售"模型时率先使用了构造"门槛"的方法来描述各行业在政治上是否有组织。

向量,其中包括上一个竞选周期中能否组成压力集团、行业的集中度、规模等因素;W 为对一行业的进口渗透率产生影响的因素向量,包括 Z 的滞后值、行业的集中度、规模等因素。A'、B' 和 C' 为系数矩阵,ε_D、ε_I 和 ε_Z 为方程的残差项。我们对三个方程进行联合估计,估计方法为完全信息极大似然法(FIML),为了保证结果的稳定性,我们用五种方法构造了 I 值(构造方法见后文的数据描述),并对方程组进行五次估计。

在反倾销案件的裁定中,只有 ITC 确认损害的案件才会被征收反倾销税,ITA 裁定的倾销幅度才在日后成为征收反倾销税的依据,所以估计该方程组时,我们只考虑那些 ITC 确认的案件,这些案件的总数为 74。

二、变量选择与数据描述

1. 被解释变量

我们的计量模型中,主要的被解释变量有两个。第一个被解释变量是 ITC 对案件做出的是否损害的裁定,该变量为 0-1 变量,在 1980 年到 2005 年的全部对华反倾销案件中,ITC 确认损害的共有 74 件,ITC 认为并未造成损害的共有 37 件,损害裁定结果的数据来自于 ITC 发布的《进口损害案件统计(FY1980—2005)》。[①] 第二个被解释变量是 ITA 对已经确认损害的案件所裁定的倾销幅度,即反倾销税的税率,最高税率为 383.6%,最低税率为 0.97%,均值为 111.2%,其中 1980 年至 2000 年的数据来自于 Brandeis 大学 Bown 教授提供的世界反倾销数据库,2001 年至 2005 年的数据来源于各期的 *Federal Register*。

由上文提出的理论框架可知,我们的解释变量共有三大类,下面分别对其进行描述。

2. 政治压力因素

在反映申诉者政治压力的变量中,申诉者为国会议员提供的捐资数额 Con-

---

① 由于数据的可获得性的原因,我们排除了涉案产品为农产品的对华反倾销案件,被排除的案件占全部案件的 3.4%。

tribution 是最为重要的一个变量。以往文献在构造反映政治压力的变量时,都是根据美国联邦选举委员会(FEC)发布的捐资数据库,将单个 PAC 的捐资并入到按照一定标准(如 SIC 四分位)分类的行业之中,用整个行业的捐资水平来衡量该行业的政治势力。但这会造成一个潜在的问题:利益集团的捐资不一定都是用来影响贸易政策的制定,它们很有可能是为了影响其他政策的制定而动用捐资来游说议员,那么,用整个行业的捐资数额来反映其政治压力会造成匹配不精确的问题,使捐资数额整体被高估。由于我们掌握了对华反倾销案件的全部申诉者的基本信息,我们可以从 FEC 的数据库中筛选出这些单个厂商和劳工组织的捐资记录,从而计算申诉者本身为国会议员提供的捐资数额。这样,在我们的经验检验中,申诉者的政治捐资与其所获得的保护之间的关系更为紧密,从而克服了使用全行业捐资数额造成的匹配不精确问题。

我们的捐资数额是从 FEC 的政治捐资数据库中搜集整理而得到的,该数据库包含单个 PAC 为议员捐资的全部记录。我们先查找出对华反倾销案件申诉者组成的 PAC 名称,然后在数据库中搜索该 PAC 的捐资数额,如果一个案件有多个申诉者,则把全部申诉者所组成的 PAC 的捐资数额加总。在一些案件中,作为申诉者的厂商并没有独自组成 PAC,而是某个组成 PAC 的厂商或组织的协助者,这些厂商的捐资数额就无法直接从 FEC 的数据库中获得,我们通过查询公司的网站、国会相关组织的记录以及 opensecrets.org、campaignmoney.com 和 business.com 等网站来获得这些公司的捐资数额。

在美国,两年(如 1981 年和 1982 年)为一个选举周期,因而 FEC 将每两年的捐资记录归并到一个数据库中,我们整理的捐资数额即为决策部门做出裁定的时间所处的选举周期的捐资额,例如,某个案件是 1987 年做出裁定的,那么该案件对应的捐资数额为 1987—1988 年申诉者为国会议员提供的政治捐资;同样,2004 年做出裁定的案件,对应的捐资额为 2003—2004 年申诉者提供的政治捐资。很多案件的申诉者为国会议员提供的政治捐资数额庞大,而被解释变量 Injury 为 0-1 变量,所以我们在对 ITC 裁定是否损害进行检验时,使用的是捐资

第六章　权力委派下美国对华贸易政策的形成机制

数额的对数值。① 关于虚拟变量 I，我们设置了五个"门槛"来确定 I 的取值。第一，在整理数据时，我们发现，在全部申诉者中，捐资数额在 1 万美元以下、1 万美元到 2 万美元之间的各占四分之一，捐资额在 2 万美元以上的占大约二分之一，所以我们设置了两个天然的"门槛"，即 1 万美元和 2 万美元，捐资额在门槛值以上或等于门槛值的申诉者，被认为能够形成政治压力，其 I 值为 1，否则为 0，见表 6.3。第二，参考 Goldberg 和 Maggi（1999）的方法，我们用申诉者的捐资数额除以其所在行业的附加值，将其比值作为"门槛"，我们选取的门槛值为 1、2、5，如果申诉者的捐资额除以其所在行业的附加值大于等于门槛值，则设定 I 值为 1，否则为 0。另外，为了克服内生性问题，我们还对 I 值进行回归，为此我们搜集了申诉者在上一个选举周期为国会议员提供的捐资数额，并用同样的方法构造了虚拟变量 $I(-1)$。

除了政治捐资为具体厂商的数额，其他变量均是按照 SIC 四分位的方法，将涉案商品归并到所属行业中，然后搜集、整理行业的数据。Oregon 大学的 Blonigen 教授整理了 1980 年到 1995 年美国反倾销案件的资料，建立了非常有价值的美国反倾销数据库，该数据库提供了涉案商品所属的 SIC 四分位编号。而 1995 年之后的案件，由我们自己将具体商品归并到 SIC 四分位的行业之中。除了政治捐资之外，反映申诉者政治压力的因素还有四个。关于就业人数，我们使用的是案件裁定当年的行业雇佣人数，该数据来源于美国人口普查局（Census）发布的各年《工业普查》和《工业年度调查》。CR4 和 Herfindahl 指数来源于 Census 发布的统计数据，由于这两个指标较难计算，Census 并非每年都公布一次，我们选用的是所考察时期的中点年份，即 1992 年的数据。工会人口比例来自于 unionstats.com 网站，该网站中的数据使用的是其自身独特的行业分类编号，因此还需转换为 SIC 编号，转换对应表可从相关网站获得（网址为 http://www.trinity.edu/bhirsch/unionstats/）。

---

① 在我们的样本中，有 16 起案件的申诉者为国会议员提供的捐资数额为 0，我们令这 16 起案件的捐资数额的对数值为 -10，表 6.4 中的估计结果是根据这样的处理得出的。如果不做处理，这 16 起案件存在缺省数据（其 Log(Contribution) 不存在），于是在回归时剔除了这 16 起案件，这样做的结果与表 6.4 中的估计结果一致，只是 Log(Contribution) 的显著性有所下降，但都在 10% 的水平上显著。

3. 经济因素

第一,进口渗透率是某一行业进口价值和国内生产的产品价值之比。NBER数据库提供了 1996 年之前按 SIC-4 分类的各行业的经济指标数据,所以 1980 年到 1996 年进口渗透率是从 NBER 数据库中的数据计算而得。1997 年及以后的国内价值从 Census 发布的《工业年度调查》中获得,而进口价值来源于美国商务部发布的数据,我们用这两组数据来计算进口渗透率。特别地,1997 年之后美国官方发布的经济统计数据都是按照北美行业分类系统(NAICS)进行分类的,而我们已经把涉案商品归并到了 SIC 四分位的行业中,那么在搜集 1997 年之后的数据时,我们还要把 SIC-4 的编号转化为相应的 NAICS-5 编号。此外,为了同经典文献中(如 Grossman 和 Helpman,1994)的变量保持一致,我们在回归时使用进口渗透率的倒数 Z。在对 Z 进行回归时,我们用到了 Z 滞后一期的数值,所以我们也计算了涉案商品所属行业上一年的进口渗透率。

第二,进口替代弹性的计算难度很大,我们也像其他学者进行经验分析时那样,引用已有的结果。我们使用的是 Gallaway、McDaniel 和 Rivera(2003)计算的 Armington 弹性,其含义为进口产品与本国产品之间,对于二者相对价格变化的替代程度。

表 6.2 和表 6.3 给出了各变量的含义及描述性统计。

表 6.2　变量描述

变量	含义	均值	标准差
被解释变量			
Injury	ITC 裁定是否损害(确认为 1,否决为 0)	0.66	0.48
Duty	ITA 裁定的反倾销税率(%)	111.16	80.11
Duty/(1 + Duty)	标准化的反倾销税率	0.46	0.21
政治压力因素			
Contribution	申诉者对国会议员的捐资额(美元)	112 960	307 830
Log(Contribution)	捐资额的对数值	10.20	1.70
CR4	前四位厂商的产值占整个行业比重(%)	31.82	15.29
Herfindahl	行业的 Herfindahl 指数	493.79	452.25
Union Rate	行业的工会人口比例	0.20	0.12
Employment	行业的雇佣人数(千人)	58.59	66.42

(续表)

变量	含义	均值	标准差
经济因素			
Z	行业进口渗透率的倒数	11.51	18.57
Z(−1)	行业上一年进口渗透率的倒数	12.86	26.46
Elasticity	行业的 Armington 弹性	0.92	0.59
PerVadd	行业的人均附加值（附加值除以雇佣人数）	121.14	85.99
Production	行业中从事生产性工作的工人比例	0.70	0.10
Deficit	美国贸易赤字的增长率	0.18	0.38
Unemployment	美国的失业率	0.06	0.01
中国因素			
China	反倾销诉讼是否专对中国（是为1，否为0）	0.50	0.50
Balance	中美贸易差额与美国贸易赤字之比	0.16	0.09
Steel	是否属于钢铁业（是为1，否为0）	0.33	0.47
Chemical	是否属于化工业（是为1，否为0）	0.29	0.46
Machine	是否属于机电业（是为1，否为0）	0.13	0.33

资料来源：作者搜集整理（具体来源见附录）。

表 6.3　虚拟变量 I 的构造

门槛设定方法	I				$I(-1)$			
	$I=1$	$I=0$	均值	标准差	$I(-1)=1$	$I(-1)=0$	均值	标准差
捐资额≥1万美元	53	21	0.716	0.454	55	19	0.743	0.440
捐资额≥2万美元	36	38	0.486	0.503	38	36	0.513	0.503
捐资额/附加值≥1	60	14	0.838	0.371	60	14	0.838	0.371
捐资额/附加值≥2	55	19	0.743	0.440	54	20	0.730	0.447
捐资额/附加值≥5	36	38	0.486	0.503	40	34	0.541	0.502

资料来源：同表 6.2。

第三，人均附加值的含义为某行业的附加值除以该行业的全部雇佣人数。雇佣人数的数据来源已经在前文介绍，而附加值的数据来源与国内产量价值的数据来源相似，1996 年之前的数据来自 NBER 数据库，1997 年及以后的数据来源于各年份的《工业年度调查》。

第四，从事生产性工作的工人比例为某一行业的生产工人同全部雇用人数之比。生产工人的人数来自于 Census 发布的各年度《工业普查》和《工业年度调查》。

第五,美国各年度的贸易赤字和失业率来自于《2007 年总统经济报告》。由于我们考察的时期较长,贸易赤字的绝对量在各年之间不具有可比性,所以在计量模型中我们使用的是贸易赤字的增长率。

4. 中国因素

在描述中国因素的变量中,有四个虚拟变量。第一个是描述反倾销案件是否专对中国提出的变量,如果一个案件的被诉国只有中国,则取值为 1,如果被诉国不仅有中国,则取值为 0。该变量来源于 ITC 发布的《进口损害案件统计(FY1980—2005)》。另外三个虚拟变量分别代表钢铁行业、化工行业和机电行业,如果涉案商品属于其中的某类,则代表该类的虚拟变量取值为 1,否则为 0,这三个变量的取值由作者根据 Bown 教授的世界反倾销数据库中的资料整理而得。

中美之间的贸易差额来自于 IMF 的 Direction of Trade Statistic(DOT)数据库。由于中美官方发布的贸易额数据相差悬殊,我们采用了两国发布数据的平均值对双边贸易差额进行计算。与美国总体贸易赤字一样,对华贸易差额的绝对量在各年之间也不具有可比性,因此我们选用了一个相对量,即对华贸易差额占全部贸易逆差的百分比。①

---

① 在我们所考察的时期,美国的贸易收支状况均为逆差,而对华贸易在 1986 年之前为顺差,1986 年及以后的年份为逆差,所以该比值有正有负。

第五节 经验分析结果

一、ITC 裁定是否损害的影响因素

1. 估计结果

我们以 Injury 为被解释变量,以影响 ITC 裁定结果的一系列因素作为解释变量,用 Probit 方法进行单方程估计。我们设定了四种方程形式:方程一包含了全部解释变量;方程二剔除了政治压力因素,仅对 Injury 和其他两类因素进行回归;与方程二类似,方程三和方程四分别剔除了经济因素和中国因素,只对 Injury 和两类因素进行回归。估计结果列于表 6.4 之中。

表 6.4 裁定是否损害的估计结果

变量	方程一	方程二	方程三	方程四
常数	-1.402 (-0.58)	-1.211 (-0.67)	-1.173* (-1.70)	-1.916 (-1.14)
Log(Contribution)	0.068*** (2.80)		0.058*** (2.70)	0.077*** (3.34)
CR4	0.060* (1.91)		0.042 (1.56)	0.040 (1.53)
Herfindahl	-0.001 (-1.30)		-0.001 (-1.05)	-0.001 (-0.96)
Union Rate	0.929 (0.52)		1.068 (0.71)	1.740 (1.22)
Employment	-0.003 (-0.62)		-0.003 (-0.77)	-0.003 (-0.75)
Z	0.020 (1.36)	0.008 (0.88)		0.016 (1.23)

美国对华贸易政策的决策机制和形成因素

（续表）

变量	方程一	方程二	方程三	方程四
Elasticity	-0.338 (-1.18)	0.018 (0.08)		-0.129 (-0.53)
PerVadd	0.004 (1.03)	0.005 (1.28)		0.002 (0.70)
Production	-0.714 (-0.24)	0.469 (0.22)		0.181 (0.11)
Deficit	-0.563 (-1.34)	-0.264 (-0.73)		-0.373 (-0.99)
Unemployment	6.577 (0.43)	6.446 (0.51)		7.136 (0.55)
China	0.649** (2.01)	0.868*** (2.96)	0.592* (1.92)	
Balance	-1.629 (-0.81)	-1.358 (-0.80)	-0.779 (-0.47)	
Steel	0.333 (0.60)	0.663* (1.62)	0.400 (0.90)	
Chemical	-0.696 (-0.66)	-0.047 (-0.06)	0.136 (0.33)	
Machine	-0.923 (-1.46)	-0.400 (-0.80)	-0.573 (-1.13)	
对数似然比	-51.939	-61.535	-54.668	-56.812
预测正确率	75.89%	71.43%	79.46%	75.00%

括号内为 t 统计量。
* 表示估计的系数在 10% 的水平上显著；
** 表示估计的系数在 5% 的水平上显著；
*** 表示估计的系数在 1% 的水平上显著。

给定 0.5 为临界值，四个方程的预测正确率在 71% 和 80% 之间，说明我们设定的方程具有较好的预测能力，方程的形式较为合理。①

---

① 四个方程都是用 Probit 方法估计的，用这种方法估计后得到的预测值都介于 0 和 1 之间。设定临界值为 0.5 的含义是：如果真实值为 1，预测值大于 0.5 则为预测正确；如果真实值为 0，预测值小于等于 0.5 则为预测正确。

第六章 权力委派下美国对华贸易政策的形成机制

由表 6.4 可见,只有 Log(Contribution)和 China 两个变量显著为正,在方程一中,CR4 显著为正,在方程二中,Steel 显著为正,方程三中的常数为正,其余的解释变量都不显著。

第一,捐资额的对数值符号为正,并且在 1% 的水平上,在三个方程之中都显著,说明那些为国会议员提供更多政治捐资的申诉者能够有效地从 ITC 那里获得贸易保护。也就是说,这些厂商和劳工组织的捐资发挥了明显的作用,得到政治捐资的国会议员会在日后为这些申诉者代言,他们利用手中的权力或威望来迫使 ITC 做出对其所代表的申诉者有利的裁决结果。这样,以对华反倾销税为标的物的政治市场就形成了:裁定是否对国内产业造成损害的 ITC 为供给方,而那些提出申诉的厂商和组织为需求方,需求方动用金钱来获得 ITC 确认损害的裁定结果。与其他贸易政策不同,对华反倾销税并非国会议员直接决定的,但国会议员在收取申诉者政治捐资之后会成为其代言人,从而代表申诉者来影响 ITC 的最终裁定结果,可以说,在这个政治市场上,国会议员成为了供给方与需求方之间的中介。

第二,描述反倾销诉讼是否专对中国的虚拟变量 China 显著为正,说明 ITC 在裁定是否损害时具有明显的偏向性,总是倾向于对那些只对中国商品提出诉讼的申诉者给予保护。这是因为,随着美国对华贸易逆差的迅速扩大,以及中国商品在世界市场上对美国同类商品构成的巨大威胁,美国各界开始视中国为最大的贸易敌人,他们想方设法地遏制中国商品的出口,目的就在于打压中国对外贸易迅猛发展的势头。Bown 和 McCulloch(2005)经过简单的统计,得出了美国对华贸易政策具有明显歧视性的结论,我们的计量结果也充分揭示出 ITC 在裁定是否损害时,具有明显的针对中国的歧视性。

第三,在方程一中,CR4 符号为正,并且在 10% 的水平上具有显著性,这意味着申诉者所在行业的集中度越高,ITC 裁定中国的进口品构成损害的可能性越大。这个结果支持了 Pincas(1975)的观点,即那些集中度高的行业更容易得到政府的贸易保护,因为这样的行业更能有效地组织起来形成政治压力。但是 CR4 在方程二和方程四中都不显著,这说明其影响 ITC 裁定结果的作用并不稳

美国对华贸易政策的决策机制和形成因素

定,真正影响裁定结果的因素还是申诉者的政治捐资和案件是否专对中国商品。

第四,Steel 在方程二中显著为正,这也无法说明钢铁行业更能有效获得 ITC 给予的保护。在某一特殊时期(如 2002 年),政府给予钢铁行业一定的特殊照顾,或许是造成 Steel 在一个方程中显著为正的原因。

除上述变量之外,我们的计量模型中的所有解释变量都不显著,这证明了尽管美国有关反倾销的法律十分健全,法律法规对相关机构裁定损害的判别依据也规定得十分详尽、具体,但 ITC 在进行裁定时仍然具有很强的随意性,可以根本不顾及各种经济因素,而是更多地考虑国会议员及其背后的利益集团的政治压力来做出裁决结果。

2. 各类因素的重要程度

下面我们通过似然比检验来分别考察三类影响因素的作用是否明显。用 Probit 方法估计的方程,其对数似然比代表方程的拟合优度,对数似然比越大,说明方程的拟合优度越高。为了考察各类影响因素的作用是否明显,我们检验包含全部解释变量的方程(即方程一)同去掉某类影响因素的方程(方程二、三、四)的拟合优度之差是否显著。

方程一的对数似然比为 -51.939,去掉政治因素后,方程二的对数似然比为 -61.535,比方程一减少了 9.6,这说明剔除政治因素的方程比包含全部解释变量的方程的拟合优度有了大幅下降。似然比检验就是判断这种下降是否具有显著性。似然比统计量服从 $\chi^2(k)$ 分布,其中 k 为剔除的变量个数,方程二去掉了 5 个反映申诉者政治压力的变量,因此 $k=5$。这样,方程一与方程二之间拟合优度差异的边际显著性为 0.0018,所以在 1% 的水平上具有显著性(0.0018 < 0.01)。这个检验结果说明申诉者的政治压力对 ITC 的裁定结果具有十分重要的影响作用,尽管(除捐资以外的)单个变量对裁定结果的影响作用并不显著,但这些因素联合起来仍可起到至关重要的作用。表 6.5 列出了三个似然比检验的结果,方程一与方程三的拟合优度之差的边际显著性为 0.487,远大于 0.1,所以在 10% 的水平上,拟合优度之差并不显著,从而说明经济因素对 ITC 的裁定结果没有发挥明显作用。方程一与方程四的拟合优度之差的边际显著性为

0.083,所以在 10% 的水平上通过了似然比检验,这意味着中国因素联合起来对 ITC 裁定损害也发挥了不容忽视的作用。

表 6.5　似然比检验结果

检验内容	去掉政治因素 (方程一与方程二)	去掉经济因素 (方程一与方程三)	去掉中国因素 (方程一与方程四)
概率值	0.001770	0.486557	0.082725

综上,ITC 在裁定中国商品是否对美国国内产业构成损害时,对申诉者的政治压力因素和中国因素都很重视,唯独对经济因素没有足够的重视,申诉者所属行业的经济特征和美国的宏观经济状况对于 ITC 裁定结果的作用微乎其微。

二、ITA 裁定反倾销税率的影响因素

下面来看 ITA 裁定反倾销税率的影响因素。为了考察各个影响因素是否对 ITA 裁定的税率产生作用,我们以标准化的税率 $Duty/(1+Duty)$ 为被解释变量,以各种影响因素为解释变量进行回归,特别地,为了克服内生性问题,我们也对虚拟变量 I 和进口渗透率的倒数 Z 进行回归,我们使用完全信息极大似然法对这个联立方程系统进行估计。我们采用了五种方法来构造 I 值,所以对系统进行了五次估计,估计结果列于表 6.6 之中。表 6.6 可以分为两大部分,第一部分是对两个具有内生性的重要解释变量的估计,第二部分是对我们真正要考察的反倾销税率的估计。

1. 捐资方程和进口渗透率方程

在对虚拟变量 I 和进口渗透率的倒数 Z 进行回归时,我们纳入了一系列可能对申诉者的政治势力和进口渗透率产生影响的外生变量。由表 6.6 可见,只有两个内生变量滞后一期的数值才会分别对这两个变量产生显著影响,其他的外生变量对 I 和 Z 的影响都不显著。这说明三个问题。

表6.6 裁定反倾销税率的估计结果

	系统一	系统二	系统三	系统四	系统五
捐资方程 变量			系数(t统计量)		
$I(-1)$	0.932***	0.939***	0.880***	0.756***	0.785***
	(4.81)	(4.79)	(5.62)	(6.70)	(7.55)
CR4	-0.004	-0.002	-0.011	0.008	-0.003
	(-0.35)	(-0.15)	(-1.02)	(0.26)	(-0.17)
Herfindahl	4.83E-05	3.29E-05	0.0005*	-0.0002	3.67E-05
	(0.11)	(0.06)	(1.73)	(-0.14)	0.05
Employment	-0.002	-0.0003	-0.0001	0.0003	-0.002
	(-1.32)	(-0.12)	(-0.07)	(0.11)	(-0.75)
Union Rate	0.544	0.198	-0.237	0.293	0.502
	(1.15)	(0.30)	(-0.30)	(0.31)	(0.85)
Production	0.006	0.026	0.340	-0.035	0.143
	(0.01)	(0.05)	(1.09)	(-0.07)	(0.33)
PerVadd	0.001	0.0002	0.0002	-0.0003	0.0003
	(1.03)	(0.29)	(0.17)	(-0.40)	(0.46)
R^2	0.785	0.902	0.705	0.586	0.739
DW	1.504	2.421	1.837	0.723	2.206
进口渗透率方程 变量			系数(t统计量)		
$Z(-1)$	0.635***	0.636***	0.636***	0.636***	0.636***
	(39.18)	(50.45)	(46.75)	(44.78)	(39.93)
CR4	0.023	0.024	0.023	0.023	0.024
	(0.07)	(0.06)	(0.06)	(0.07)	(0.07)
Herfindahl	8.40E-05	6.41E-05	9.09E-05	7.11E-05	5.86E-05
	(0.01)	(0.004)	(0.01)	(0.01)	(0.005)
Employment	0.014	0.014	0.014	0.014	0.014
	(0.92)	(0.91)	(0.91)	(0.92)	(0.92)
Union Rate	3.623	3.622	3.624	3.622	3.622
	(0.29)	(0.29)	(0.32)	(0.33)	(0.29)
Production	2.149	2.148	2.152	2.147	2.148
	(0.34)	(0.29)	(0.29)	(0.34)	(0.34)

(续表)

	系统一	系统二	系统三	系统四	系统五
进口渗透率方程 变量			系数(t统计量)		
PerVadd	-0.004 (-0.14)	-0.004 (-0.15)	-0.004 (-0.16)	-0.004 (-0.15)	-0.004 (-0.16)
R^2	0.826	0.826	0.826	0.826	0.826
DW	1.779	1.779	1.779	1.779	1.779
税率方程 变量			系数(t统计量)		
常数	0.818 (1.63)	0.735* (1.78)	0.837* (1.94)	0.825* (1.94)	0.612 (1.41)
政治压力因素					
I	0.143** (2.40)	0.168*** (3.22)	0.147** (2.04)	0.130 (1.49)	0.237*** (3.01)
CR4	-0.001 (-0.15)	0.0003 (0.05)	0.001 (0.14)	-9.19E-05 (-0.01)	-0.001 (-0.22)
Herfindahl	4.72E-05 (0.14)	-5.22E-06 (-0.03)	-4.61E-05 (-0.16)	-7.93E-08 (-0.0003)	5.83E-05 (0.29)
Union Rate	-0.264 (-1.02)	-0.313 (-1.09)	-0.239 (-0.88)	-0.590 (-1.35)	-0.264 (-1.17)
Employment	-0.0003 (-0.41)	-0.0005 (-0.63)	-0.0002 (-0.16)	-0.0002 (-0.15)	0.001 (1.17)
经济因素					
Z	0.0003 (0.08)	0.0005 (0.14)	-9.72E-05 (-0.03)	-0.0001 (-0.04)	0.001 (0.32)
Elasticity	0.023 (0.46)	-0.014 (-0.31)	0.010 (0.20)	0.005 (0.10)	0.025 (0.62)
PerVadd	0.0001 (0.17)	-5.87E-06 (-0.01)	0.0002 (0.43)	0.0002 (0.35)	0.0001 (0.32)
Production	-0.580 (-1.11)	-0.357 (-0.80)	-0.644 (-1.43)	-0.590 (-1.35)	-0.557 (-1.28)
Deficit	0.051 (0.77)	0.084 (1.37)	0.067 (1.02)	0.113 (1.49)	0.060 (0.95)
Unemployment	-0.78 (-0.25)	-1.722 (-0.65)	-1.776 (-0.57)	-1.704 (-0.48)	0.083 (0.03)

美国对华贸易政策的决策机制和形成因素

（续表）

	系统一	系统二	系统三	系统四	系统五
税率方程					
变量			系数（t统计量）		
中国因素					
China	-0.009	0.035	-0.002	0.013	-0.013
	(-0.21)	(0.78)	(-0.05)	(0.28)	(-0.29)
Balance	0.920***	0.856***	0.967***	0.973***	1.144***
	(2.93)	(2.88)	(3.06)	(2.90)	(4.39)
Steel	-0.092	-0.045	-0.055	-0.062	-0.129*
	-0.99	(-0.53)	(-0.61)	(-0.68)	(-1.69)
Chemical	-0.168	-0.128	-0.165	-0.150	-0.150
	(-1.06)	(-1.03)	(-1.37)	(-1.21)	(-1.47)
Machine	-0.200**	-0.220**	-0.218**	-0.227**	-0.205**
	(-2.26)	(-2.46)	(-2.41)	(-2.27)	(-2.27)
R^2	0.509	0.602	0.508	0.486	0.554
DW	2.437	2.483	2.275	2.244	2.736
对数似然比	-267.78	-227.51	-265.75	-304.65	-284.13

括号内为 t 统计量。
* 表示估计的系数在 10% 的水平上显著；
** 表示估计的系数在 5% 的水平上显著；
*** 表示估计的系数在 1% 的水平上显著。

第一，I 与其滞后一期的数值正相关，并且显著，而 I 又是通过捐资数额构造的，这意味着申诉者在本轮竞选中对国会议员的捐资同其在上一轮竞选中的捐资具有一致性。事实上，我们计算了申诉者本轮捐资和上一轮捐资之间的相关系数，该系数值超过了 0.9，这同我们的计量结果一道，说明了利益集团对国会议员的捐资数目在短期内具有很强的稳定性。把握利益集团捐资所具有的这个重要特征，对进一步揭示美国贸易政策受利益集团影响的机制具有十分重要的

第六章 权力委派下美国对华贸易政策的形成机制

作用。①

第二,进口渗透率的倒数 Z 与其滞后一期的数值 $Z(-1)$ 显著正相关,这说明美国各行业的进口渗透率在短期内不会发生过大的变化,也就是说,美国大多数商品的进口渗透率不会因中国对美出口激增而大幅度增加,而是保持在一个稳定的水平上,那么,来自美国各界的抱怨中国商品大量涌入美国市场、挤占本国产品市场份额的论调便不攻自破了。②

第三,衡量行业集中度、规模、效率的诸多外生变量对于行业的政治势力和进口渗透率几乎没有影响,这与以往文献的回归结果极为相近。在此,我们仅讨论一个问题。关于捐资方程,我们纳入的一系列政治经济因素对申诉者的政治势力几乎都未产生影响,只有系统三中的 Herfindahl 指数与 I 正相关,并且在 10% 的水平上显著,根据 Pincus(1975),一个行业的集中度越高,越能有效地组织起来形成政治压力,该结果与 Pincus 的假说一致,但 Herfindahl 指数的影响作用很不稳定,在其余四个系统中,其符号不定,并且都不显著。这并不代表 Pincus 的预测错了,而是因为我们在构造 I 值时,使用的是申诉者本身的政治捐资数额,而 Herfindahl 指数、CR4 等指标是申诉者所属行业的指标,即前者是个体指标,后者是全国范围内的指标,范围的不一致或许是造成反映集中度的变量不显著的原因。

2. 反倾销税率方程

在五个系统中,I 值均为正,并且在四个系统中显著,这说明 ITA 在裁定倾销幅度即反倾销税率时,也明显受到了申诉者政治压力的影响。这里,我们没有用捐资数额(或其对数值)作为解释变量,而是构造了反映申诉者政治势力的变量 I,这可以绕开国会议员的环节,直接考察申诉者的政治压力对行政部门裁定

---

① 比如,美国钢铁业、纺织业等部门经常能得到贸易政策制定者的偏袒,在很大程度上是因为这两个行业对国会议员及重要委员会提供大量的政治捐资,把握行业利益集团捐资在时间维度上的特点,有助于我们看清美国贸易保护的本质。

② 在某些年份,美国的某些产品市场上,从中国进口的商品的确可能发生"涌入"的现象,但这也不会对进口渗透率产生很大的影响,由于贸易转向效应的存在,美国从中国进口某类商品激增的同时,会减少从其他贸易伙伴那里进口同类商品,从而将进口量和本国产量之比保持在一个稳定的水平上。

美国对华贸易政策的决策机制和形成因素

倾销幅度的影响,因为申诉者的捐资是给予国会议员而并非 ITA 官员的,所以前面用 Log(Contribution)作为解释变量是一种间接的方法,即捐资对国会议员产生作用,国会议员(作为中介)再去对 ITC 成员施加影响。而描述申诉者政治组织状况的变量 I 则不同,它虽然由捐资额构造,但并不是实际捐资额,而是表明申诉者的政治势力,那么这种势力可以直接反映在 ITA 裁定的反倾销税率当中。变量 I 显著,而所有其他的政治压力因素都不显著,这说明 ITA 裁定倾销幅度时,申诉者的政治捐资在所有的政治压力因素中居于首要地位。而且,所有的经济因素都不显著,但美国的法律规定 ITA 裁定倾销幅度时应该主要考虑行业所处的经济状况和宏观经济形势,这就是说,ITA 在裁定税率时,可以自由发挥的空间十分广阔,其自决能力很强,几乎超脱了法律的约束。由此,我们的经验分析结果说明了申诉者的捐资可以改变相关部门对倾销幅度的裁定结果,美国对华反倾销税率是"用于出售的"。

在反映中国因素的几个变量中,双边贸易差额占美国贸易逆差的比重 Balance 显著为正,这意味着,如果裁定当年美国对华贸易逆差很大(或顺差很小),则 ITA 会对涉及中国商品的反倾销案件裁定较高的倾销幅度,从而日后形成较高的反倾销税率。由此可见,双边贸易状况在 ITA 裁定对华反倾销税率的过程中也产生了重要的影响。由前文可知,在 ITC 裁定损害时,专对中国的案件十分容易被判定为构成损害,从而说明了 ITC 在决策过程中针对中国的歧视性。而在检验 ITA 裁定税率的方程系统中,变量 China 符号不定,并且不显著,这说明 ITA 在裁定税率时并没有针对中国的歧视性,其裁定的主要依据是申诉者的政治势力和中美双边贸易状况。变量 Steel 和 Chemical 的符号与预期相反,并且不显著,说明被诉国为中国的案件中,钢铁业和化工业申诉者并未得到 ITA 的偏袒;对华反倾销案件中涉案次数最多的两个部门没有得到 ITA 的"特殊照顾",也从另一个侧面说明了 ITA 在裁定税率时并未歧视中国。变量 Machine 显著为负,似乎与直觉不符,因为从 20 世纪 90 年代之后,中国的机电产品大量出口美国,出于遏制中国商品迅猛出口势头的考虑,ITA 应该对涉及机电产品的反倾销案件裁定更高的税率,但考虑到进口的机电产品对美国的重要意义,ITA 认为不

第六章 权力委派下美国对华贸易政策的形成机制

能对中国的机电产品进行封杀,于是在裁定倾销幅度时,使用了较为保守的估计方法,导致了在对华反倾销案件中,涉及机电产品的案件被征税率很低。

三、小结

通过对影响 ITA 和 ITC 裁定结果的各种因素进行定量分析,我们可以看出,命题 6.1 和命题 6.6 得到了实际数据的有力支持,而命题 6.5 的部分内容被证实,即如果一起案件是专对中国厂商发起的,则该案件被 ITC 裁定为损害的可能性会增大。除此之外,其他命题都没有得到实际数据的支持,也就是说,这些命题中指出的美国对华反倾销决策的影响因素都没有对裁定结果产生显著影响。

第六节 结论性评述

一、结论

通过对影响 ITA 和 ITC 裁定结果的各种因素的经验分析,我们得到如下结论。

第一,美国对华反倾销税是在国会、决策机构和利益集团的共同作用下产生的均衡结果,案件的申诉者给国会议员提供的政治捐资十分显著地影响反倾销案件的裁定结果。无论是 ITA 裁定反倾销税率,还是 ITC 对是否损害的裁定,都明显受到申诉者政治捐资(从而代表其政治势力)的影响,而没有受到其他政治因素(如行业规模、集中度等)的影响,因此我们可以说,对华反倾销税是"用于出售的"。

第二,无论是 ITA,还是 ITC,在裁定对华反倾销税过程中都几乎没有考虑各种经济因素,其裁定过程中都体现着极大的自决性和随意性。尽管美国的法律对反倾销裁定程序有着详尽的规定,但两个机构在裁定过程中几乎都没有按照法律的规定行事。

第三,两个决策机构在考虑中国因素时,侧重点有所不同。ITC 裁定是否损害时,对那些专对中国发起的案件通常予以确认,这说明该机构的裁决过程充斥着对中国的歧视性。而 ITA 裁定反倾销税率时,把中美双边贸易差额纳入到考虑的范围之中,在美国对华贸易逆差大的年份,倾向于对涉及中国的案件裁定较高的反倾销税。而且,ITA 从国家经济的需要出发,对涉及机电产品的案件往往裁定较低的税率,这说明作为政府部门的 ITA 在一定程度上能够不偏不倚地对贸易事务进行处理。

二、政策含义

综合以上结论,我们可以得出以下政策含义。

第一,我国各界在探讨美国对华反倾销的问题上,大多从本国企业层面入手,从企业的技术特征、产品的性质以及能否积极应诉等方面探求应对反倾销的措施。但我们的经验分析表明,美国相关机构在对反倾销案件进行裁定时,主要受政治压力的左右,申诉者所组成的利益集团通过政治捐资,对 ITA 和 ITC 的裁定结果产生了至关重要的影响。因此,若想更好地开展中美贸易,并从中获得更大的利益,我国各界必须更为深入地研究美国利益集团影响贸易政策的活动方式和特征,并对利益集团加以利用,使其政治活动朝着有利于中美双边贸易发展的方向进行。

第二,妥善地解决美国对华反倾销问题,还需要我国改变巨额对美贸易顺差的状况,以缓解美国国内对此的极端不满。事实上,拓宽出口途径是较为明智的选择,如果对某个贸易伙伴的依存度过高,会对自身造成极为不利的影响,通过各种方式减小对美贸易顺差有利于营造两国互利共赢的良好局面以及友好的外交氛围,从而促进中美贸易持续健康的发展。

第七章 结论与展望

美国对华贸易政策的决策和形成机制是一个复杂和相互作用的系统,系统中的每个因素都发挥着各自的作用,但其作用的发挥同时也受制于其他因素,而且,由于美国国内外的政治、经济和社会形势都不断地发生着变化,美国对华贸易政策的决策机制也是一个不断变化的动态系统。本书旨在通过理论和经验分析,探索这个动态系统中的主要规律和演化机理,从而得出一些有意义的结论,并对中美贸易未来发展走势进行展望。

第一节 结论及政策含义

一、本书结论

本书在梳理和评述贸易政策政治经济学已有文献的基础上,从理论和经验两个方面对美国对华贸易政策进行政治经济学分析。我们首先回顾了美国对华贸易政策的历史演变,从逻辑上剖析对华贸易政策的决策过程和影响因素;随后建立了一个包含政治捐资、选举支持和权力委派的内生保护模型,用以描述美国对华贸易政策的形成机制;在回顾史实和建立模型的基础上,本书又考察了在制定对华贸易政策的过程中议员投票行为的影响因素,和对华反倾销裁定结果的影响因素,从这两个领域对美国对华贸易政策的形成机制进行经验分析。

第一,从历史演变来看,美国对华贸易政策的发展可以分为三个阶段。从1979年到1989年为第一阶段,美国在此期间主动采取了极为友好的对华贸易政策;从1989年到2001年为第二阶段,美国对华贸易政策在此时期仍然呈现出

美国对华贸易政策的决策机制和形成因素

友好的态势,但这种友好性是被动的,双边贸易的很多矛盾不断激化;从 2001 年中国加入 WTO 至今是第三阶段,美国对华贸易政策丧失了明确的特征,并且更加复杂多变。中国入世之后,中美各自的经济发展以及双边贸易都呈现出一些新的特点,美国国内的利益集团也呈现出利益取向多元化的局面,加之美国国内党派性日益增强,因而这一阶段美国对华贸易政策变得愈发扑朔迷离,表现为友好性、歧视性和敌对性并存的局面。

第二,本书通过在 Grossman 和 Helpman(1994)的"保护待售"模型中纳入执政者谋求竞选支持和进行权力委派的因素,考察了执政者、行政机构同各类选民互动,最终决定贸易政策的机制与过程,提炼出均衡的美国对华贸易政策的如下特点。对于政治上有组织的行业来说,其所获得的贸易保护水平同其包含的选民数量占全体选民的比重无关;政治上无组织行业的保护水平同其选民比重之间的关系取决于执政者赋予全体国民福利的权重、政治捐资对不知情选民的影响作用以及利益集团的人口比重。政治上有组织行业的保护水平同政治捐资的影响作用之间的关系取决于执政者赋予国民福利的权重;政治上无组织的行业所获得的保护水平则总是同捐资的影响作用负相关。当行政机构具有"自利"本性时,其制定的贸易保护水平高于执政者直接制定的水平。

第三,通过对重要贸易议案的投票结果进行经验分析可以看出,利益集团给议员提供的捐资十分显著地影响议员的投票结果,而议员的个人因素几乎不能发生任何作用,议员的投票行为并不反映其所持的社会理想和政治抱负。美国对华贸易政策的决策机制有时与直觉不符,也不完全符合经典贸易理论模型的预测。选区内居民的受教育水平、失业率和人均工资水平与议员的投票行为没有显著关联,这与 H-O 模型的预测相悖,同时也说明议员在制定贸易政策时并没有过多地关注本选区的社会和经济状况。同时,公众会基于所属行业的不同而对贸易议案持有不同的态度,他们所在选区的议员会在一定程度上考虑来自行业内部的声音。

第四,美国对华反倾销税是在国会、决策机构和利益集团的共同作用下产生的均衡结果,案件的申诉者给国会议员提供的政治捐资十分显著地影响反倾销案件的裁定结果。无论是 ITA 裁定反倾销税率,还是 ITC 对是否损害的裁定,都明显受到申诉者政治捐资(从而代表其政治势力)的影响,都几乎没有考虑各种经济因素,其裁定过程中都体现着极大的自决性和随意性。ITC 裁定是否损害时,对那些专对中国发起的案件通常予以确认,这说明该机构的裁决过程充斥着对中国的歧视性;而 ITA 裁定反倾销税率时,把中美双边贸易差额纳入到考虑的范围之中,在美国对华贸易逆差大的年份,倾向于对涉及中国的案件裁定较高的反倾销税。

第五,从全书的分析可以看出,美国的代议制民主共和政体既是反映全体选民意志的工具,又导致了最终形成的公共政策偏离了公众的意志。造成这种偏离的原因在于利益集团可以通过为政府官员提供政治捐资和信息支持参与到公共政策的决策当中。无论是如经济学家所言,利益集团直接"购买"了贸易政策,还是如政治学家所言,利益集团"购买"了参与贸易政策制定的通路,我们的分析结果都证明了一个重要的观点:美国对华贸易政策的最终形成是政府和利益集团相互作用的结果。

二、政策含义

综合本书的理论和经验分析,我们可以得出以下政策含义。

第一,美国对华贸易政策的决定因素纷繁复杂,但贯穿政策制定的一条主线是利益。20 世纪 80 到 90 年代之间,美国之所以对华采取友好的贸易政策,而目前的政策之所以呈现出友好性和敌对性并存的局面,都是基于利益的考虑,无论是国家利益还是利益集团的利益。因此,我国在处理同美国的贸易关系时,要本着"互利共赢"的指导思想,要容得对方也从贸易中获利,而不能一味谋求自身利益最大化,攫取全部贸易利益。因为在我国追求利益的同时,对方也从自身利益出发采取措施,如果我们在同美国开展贸易时不坚持利益协调的立场,就会形成"贸易战"的局面,结果将会导致两败俱伤。为此,我们不仅要努力避免中美"贸易战"的发生,而且要努力建立双方在贸易领域合作与协调的机制。

第二,在谋求同美国合作与协调方面,要通过积极的对话促使美国各方转变

美国对华贸易政策的决策机制和形成因素

信念。从本质上看,美国政府在很大程度上仍然坚持重商主义,认为对华贸易逆差意味着美国在贸易中受损。为此,我们应当多方位地与美国进行贸易政策对话和协调,培养理解互信的氛围,建立良好的合作关系,让美国各界都认识到同中国开展贸易将使美国人民大获其利,逆差不意味着损失,而意味着美国人享受到了质优价廉的中国产品。另外,美国国内的不同阶层具有不同的利益,他们对于同中国开展贸易的态度千差万别,未来的美国对华贸易政策仍将体现出对各方利益的协调。同中国开展贸易的确使美国国内一部分人蒙受损失,例如非熟练劳动力的大量失业,他们只掌握本部门的劳动技能,难以接受再培训,无法另谋职业。这就需要美国的贸易辅助调整(TAA)计划[①]切实地发挥作用,真正地帮助贸易中的受损者摆脱困境。当然,这涉及美国的国内政策,但我们在同美国进行贸易对话时,应该使其认识到:"同中国开展正常贸易 + TAA 计划的落实到位 = 美国福利的最大化。"

第三,积极地同美国进行合作与协调,还需要我国各界转变思路,改变巨额对美贸易顺差的状况,以缓解美国国内对此的极端不满。事实上,如果对某个贸易伙伴的依存度过高,也会对自身造成极为不利的影响。中国政府通过各种方式努力改善民生、扩大内需,同时积极探索渠道拓宽出口,是处理中美经贸关系的明智选择。这样,在减小中国对美贸易顺差的同时,可以营造两国互利共赢的良好局面以及友好的外交氛围,从而促进中美贸易持续健康的发展。

第四,我国各界在探讨美国对华反倾销的问题上,大多从本国企业层面入手,从企业的技术特征及产品的性质以及能否积极应诉等方面探求应对反倾销的措施。但我们的经验分析表明,美国相关机构在对反倾销案件进行裁定时,主要受政治压力的左右,申诉者所组成的利益集团通过政治捐资,对 ITA 和 ITC 的裁定结果产生了至关重要的影响。因此,若想更好地开展中美贸易,并从中获得更大的利益,我国各界必须更为深入地研究美国利益集团影响贸易政策的活动

---

① 该计划最初由 1962 年《扩大贸易法》提出,旨在向受到进口增长损害的工人和企业提供再培训和财政救助。里根在 1981 年执政后对该计划的适用范围和资金作了大幅削减。1994 年 NAFTA 获得批准后,该计划提供的援助有所增加,并且在 2002 年的贸易法案中大幅度提高。

方式和特征,并对利益集团加以利用,使其政治活动朝着有利于中美双边贸易发展的方向进行。

第五,本书的理论模型意味着,美国的行政机构在进行贸易救济措施裁定时,可能比立法机构直接裁定的结果更为严厉,也可能比立法机构仁慈。通过第五章和第六章的经验分析可以看出,美国的国会议员对重要贸易议案投票时,促成了中美正常贸易关系的开展,而行政机构和准司法机构(ITA 和 ITC)在裁定对华反倾销案件时却具有歧视性,裁定结果十分严酷。这就是说,在全局性贸易政策的制定中,最终出台的政策没有偏离自由贸易的大方向,而局部的贸易政策(如贸易救济措施裁定)常常偏离自由贸易和公平原则。由此可见,美国的行政机构具有强烈的"自利"本性(即 $b>0$),为了谋求自身利益而屈从于利益集团,进而导致了歧视性的对华贸易政策。实际上,PNTR 议案的通过也是各方利益集团共同作用的均衡结果,即自由化的全局性贸易政策的出台也深受利益集团的影响。[①] 由此,我们除了对利益集团影响贸易政策的作用有了更为深刻的理解之外,还可以得出令中国各界较为放心的政策含义:在现行的政治体制之下,由于美国贸易政策是各种利益集团同政府之间进行博弈的均衡解,最终出台的全局性对华贸易政策将会是自由贸易导向的。

第二节 中美贸易发展前景展望

奥巴马总统时常抛出贸易保护主义的言论,这不仅反映了民主党人坚持"公平贸易"的主张,而且反映了其维护本国就业、捍卫美国劳工阶层利益的信念。奥巴马任命的经济领导团队成员多是精通经济学的精英,都对自由贸易能使一国从总体上获益心知肚明,因而极端的贸易保护政策不会在短期内浮出水

---

① 回忆第五章的模拟结果,如果没有各种利益集团的政治捐资,PNTR 议案也将会通过。

美国对华贸易政策的决策机制和形成因素

面,奥巴马内阁将推行折中的对外贸易政策。

一、奥巴马坚持"公平贸易"、维护劳工利益

2009年1月20日,美国新一任总统,民主党人奥巴马宣誓就职。新总统走马上任必将对美国未来的对华贸易政策产生重要的影响,回顾奥巴马对贸易议题的态度,我们不难看出,这位民主党总统同其所属党派所持的观点一致:反对自由贸易,特别是同中国这样的发展中国家开展自由贸易。

2008年6月,针对如何使美国经济复苏,共和党候选人麦凯恩特别强调了扩展自由贸易协定(FTA)的作用,而民主党候选人奥巴马则在当时的几次演说中时常抛出限制自由贸易的言论。实际上,早在2004年,当谈到中美贸易问题时,奥巴马就对媒体宣称要坚持改善中国与贸易相关的劳工和人权标准;2005年,在关于建立中美洲自由贸易协定(CAFTA)议案的投票中,奥巴马投了反对票;2007年以来,在竞选总统的历次演说中,奥巴马曾经抛出过"全球化会给一些地区带来负担"、"廉价T恤衫会抢走美国的工作岗位"、"中国产品缺乏安全性,不宜进入美国"等言辞,他还要求在已经建立的北美自由贸易协定(NAFTA)和CAFTA中加入严格的环境和劳工标准。

这些与其说是民主党人对"公平贸易"的坚持,不如说是民主党候选人争取劳工选票的说辞。贸易保护主义者历来会找到许多限制贸易的借口,如今的民主党人在其所代表的选民的压力下,不得不抛出人权、环境和劳工标准等杀手锏来反对自由贸易。奥巴马深知自由贸易的益处,但为了赢得选票,他不得不在竞选中承诺将采取贸易保护措施,而上台之后这些措施也需要在一定程度上获得兑现。在金融危机的强刺激下,通过贸易获得更多收入、吸纳更多就业成为奥巴马经济政策当中的重要一环。于是,在获得大选之后,奥巴马始终表现出这样的姿态:同其他国家开展贸易应该能促进美国经济的发展并且为美国创造更多的就业机会,他和内阁将坚决抵制破坏美国经济安全的各项贸易协定。

为了能帮助广大劳工阶层适应迅速变革的经济形势,奥巴马及其内阁要将现存的TAA计划升级为战略性援助与培训工人(SWAT)计划,包括将TAA计划

扩展到服务业,创建灵活的教育账户帮助工人接受再教育,为易受冲击行业的工人提供接受培训的机会,使其免遭失业之苦。奥巴马内阁还着重于创造或保留本国工作岗位,希望未来形成一种社会契约,对那些有助于吸纳就业的企业进行奖励,对那些把岗位送出国门的企业进行惩罚(停止税收减免)。①

在对华贸易问题方面,奥巴马将对中国采取更强硬的态度以实现中美贸易"平衡"的姿态已初露端倪。奥巴马一直表明其坚持"公平贸易"的原则,十分关注个别国家的货币操控、海外政府的补贴以及总体上的贸易规则。在竞选期间,奥巴马主动同纺织业等易受中国产品冲击的部门的团体、协会进行接触,承诺对中国进口商品进行监控,并且政府将会对此进行快速反应,一旦中国进口的物品大量涌入美国市场,美国政府将根据贸易救济条例加以应对。2010年3月,奥巴马在发表国情咨文时强调一些国家的货币应该升值,这反映出奥巴马当选总统之后以更坚定的态度要求中国放松汇率管制、逼迫人民币升值。

综合以上分析,不难看出,奥巴马在竞选过程中及赢得大选之后,始终倡导"公平贸易"的理念,甚至展现出贸易保护主义的倾向,而维护本国就业、捍卫美国工人的利益成为支撑其理念的基石。② 并且,奥巴马提及的实现目标的方式也秉承了美国一贯坚持的强硬姿态:为实现扩大出口、增加就业与收入的目的,美国将不惜采取各种手段,无论是通过建立双边 FTA,还是向 WTO 施压,或是直接向贸易伙伴施压。③④

二、经济领导团队成员的贸易政策取向

奥巴马获得大选胜利之后不久,任命纽约联邦储备银行行长盖特纳出任财

---

① 早在2007年,奥巴马就同另外两位民主党参议员德宾和布朗共同提出了"爱国者雇主法案",以奖励那些创造良好就业岗位、为美国工人带来利益的公司。具体地,如果某公司能维持或增长其在美国境内全职工人的数量,坚持将公司总部设在美国,给工人提供相当好的薪水,给工人提供养老和医疗保险,并且赡养在军中服役的雇员,该公司将获得税收信贷支持。
② 或者说,是宣扬其理念的理由和借口。
③ 美国这样推行其贸易政策的方式被 Bhagwati(1988)称为"侵略性单边主义"。
④ 中国是美国的重要贸易伙伴,更是美国贸易逆差的重要来源,其施压的重要目标之一即为中国。

◆ 美国对华贸易政策的决策机制和形成因素

政部长一职,曾经担任过财政部长及哈佛大学校长的萨默斯担任国家经济委员会主席,加州大学伯克利分校的教授罗默尔担任经济顾问委员会的首席顾问。此后,奥巴马又提名得克萨斯州达拉斯市的市长柯尔克担任美国贸易代表。奥巴马先期任命的内阁经济领导团队的三位成员都是训练有素的经济学家,盖特纳和萨莫斯又曾经在重要的经济管理部门担任要职;稍后提名的柯尔克同美国的工商业利益集团有着十分重要的联系,而且当年是建立 NAFTA 的重要支持者,持有十分坚定的自由贸易立场(表 7.1),因而这样的领导团队必将能保证美国贸易政策不会滑向保护主义的深渊。

表 7.1 奥巴马内阁经济领导团队成员

职务	姓名	先前任职经历
财政部长	盖特纳	纽约联邦储备银行行长
国家经济委员会主席	萨默斯	哈佛大学校长/克林顿时期财政部长
经济顾问委员会首席顾问	罗默尔	加州大学伯克利分校教授
美国贸易代表	柯尔克	达拉斯市市长

资料来源:根据 Washington Post 各期的相关报道整理

但是,结合美国目前所处的具体社会经济形势,以及领导团队成员曾经的种种表现,我们很难预期奥巴马内阁经济领导团队在未来能促成美国贸易政策朝着自由化的方向顺利前进。

盖特纳和萨默斯都是克林顿内阁财政部长鲁宾的门徒,是所谓的"鲁宾经济学"的追随者。他们主张预算平衡、自由贸易和放松金融管制。鲁宾和接替他财长职位的萨默斯所执行的经济政策带来了 20 世纪 90 年代的经济繁荣。而盖特纳在财政部则得到萨默斯的提拔,出任负责国际事务的副部长。在 2003 年,萨默斯力荐盖特纳担任纽约联邦储备银行行长一职。

尽管鲁宾经济学派倡导自由贸易,但盖特纳具有十分明显的中立姿态。2007 年 1 月,盖特纳曾经在对外联系委员会作过一次发言,其关注的焦点是美国的财政政策,而其中十分相关的一个问题是对外贸易,他指出以后美国的贸易赤字会下降,贸易伙伴的顺差会减小;不能一味认为经济一体化必然会带来收入提高,也不能认为贸易的作用微乎其微。同样是鲁宾的门徒,萨默斯曾经坚持过

154

第七章 结论与展望

自由贸易立场:2000 年,他作为美国财政部长在 IMF 的会议上进行发言,强调了贸易开放能给各国带来利益,表达了支持自由贸易的态度。而在金融危机的背景下,2008 年萨默斯数次在《金融时报》上撰文,指出应采取一些措施,才能扭转美国的贸易逆差,使美国获得贸易利益,其支持贸易保护的立场愈发彰显。加州大学伯克利分校的教授罗默尔主要的研究领域是经济史和宏观经济学,她曾经抛出过这样的言论:将贸易保护主义推向顶峰的"斯穆特—霍利"关税法案的确减少了贸易量,但这绝不是造成大萧条的显著原因。可见,她认为严重的贸易保护主义并不会给经济带来严重危害。

美国贸易代表是美国总统的贸易政策顾问,是制定贸易政策的主要领导,并负责美国同其他国家建立贸易协定的谈判工作,还可以对外国的不正当贸易行为进行调查和报复(王孝松,2009),所以该职务的人选对未来美国贸易政策的形成至关重要。被奥巴马提名为新一任美国贸易代表的是达拉斯市市长柯尔克,他曾经做过律师,也做过专业游说者,但缺乏贸易领域的工作经验,奥巴马的这一选择令很多人难以理解。作为贸易代表,柯尔克显然缺乏威望,会成为国会压制的重要目标,因此尽管其本人崇尚自由贸易,但很难期望他在推进贸易自由化进程中发挥重大作用。

奥巴马捍卫民主党人所坚持的"公平贸易"原则,其任命的经济领导团队成员大都是训练有素的经济学家,并曾经担任过各种经济领导职务,当前美国面临着严重的经济危机和巨额贸易逆差,这一切都预示着奥巴马内阁持有折中的贸易政策取向,即不会推行贸易保护主义政策,但同时也不会大力推进贸易自由化进程。

在党派纷争、贸易保护主义抬头以及经济危机的背景之下,未来中美贸易的发展将不会是一番坦途,贸易摩擦将不可避免,贸易战也有可能打响。特别地,对华贸易逆差被很多人认为是美国贸易政策失误的后果,奥巴马上任之后,面临着严峻的经济形势,开始反思从前的贸易政策,并且对人民币汇率问题显现出强硬的态度。新一任财政部长盖特纳在宣誓就职前夕,公开指责中国"操纵汇率",并认为这是造成"全球失衡"的重要原因。

美国对华贸易政策的决策机制和形成因素

2009年2月13日,美国众议院投票批准了总额为7 870亿美元的经济刺激计划,引起国际公愤的"购买国货"条款包含在计划之中,该条款要求获得振兴款的公共工程,只能使用美国制造的钢铁。这样的条款显然是贸易保护主义的表现,但同时,还存在着十分严重的歧视性,因为欧美、加拿大、日本以及其他同美国政府签有互惠采购协议或双边FTA的贸易伙伴,仍可参与到振兴工程之中,不仅不会受到振兴方案的冲击,还会因该方案而获得利益,而像中国这样的经济体将无法参与到振兴工程之中。

如今,自由贸易在美国面临着前所未有的危机,而且这种危机将一直持续。奥巴马及其内阁日后不会在完成多哈回合谈判方面做出重大努力,美国的双边FTA谈判也不会有太大的进展。经济刺激方案中添加的"购买国货"条款,将在世界范围内引起轩然大波,贸易战极有可能由此引发。而且,奥巴马内阁日后必将给中国政府压力,无论是要求中国减小对出口的依赖程度,扩大内需,还是要求中国政府放松汇率管制,都将给中美贸易的未来发展蒙上一层阴影。

第三节 未来研究方向

第一,在理论模型方面,本书的研究可以从以下几方面进行扩展。首先,既然我们揭示出代议制民主国家的执政者为谋求竞选支持而兼顾各类选民福利,最终决定贸易政策的机制与过程,因而可以为这些国家的机构改革提供一些方向,使其执政者更大程度地重视全体国民福利,使其行政机构在制定政策过程中更具公平性,当然,这将涉及机制设计问题。其次,本章仍然假定政府是一个单一机构(Unitary Agent),唯一的执政者在制定贸易政策方面有绝对权威,但现实中代议制民主国家的公共政策需要经过众多立法者进行投票来制定,因而一些学者建立模型描述了多数原则(Majority Rule)下政府和利益集团互动以制定政策的过程(Helpman和Persson,2001;Hauk Jr.,2005),我们的模型也可以扩展到多数原则的背景之下,从而更加真实地刻画贸易政策的内生过程。

第七章 结论与展望

第二,第五章以 PNTR 议案的投票结果为例,我们考察了美国众议员投票行为的影响因素,以此来分析美国对华贸易政策的决策和形成机制,这是十分细致而严谨的计量工作,但也仅是探究美国对华贸易政策内生过程的初步探索,更为广阔和深入的工作要留待今后来完成。一方面,相关决策机构(如 ITC)的人员构成会对该机构的贸易政策决策产生十分重大的影响(Baldwin,1985),我们有必要站在历史视角,对历届机构成员的身份、背景、信念进行考察,挖掘这些特征同其裁定结果之间的关系,这种更为深入的分析将为我们理解美国对华贸易政策提供更为丰富的洞察。另一方面,不仅是本书,而且国外主流经济学界针对利益集团的研究也只是初步的,往往假定利益集团同政府之间进行利益交换,在这种假定下考察利益集团的政治捐资同贸易政策结果之间的关系(高乐咏、王孝松,2009),但现实中的情形往往未必如此简单,使用更为具体而贴切的数据来定量分析利益集团的动机和行为方式[①],有助于我们从利益集团这个重要的层面理解美国对华贸易政策的决策机制。

第三,在考察美国对华反倾销等贸易救济措施的裁定过程时,可以纳入更为丰富的因素。一是与 WTO 运行相关的一些因素,如分别考察中国入世前后遭受美国反倾销的影响因素,以及中美两国签订自由贸易协定(FTA)对反倾销裁定结果的影响。二是考察中国的报复能力对美国反倾销的制约作用。根据王孝松、谢申祥(2009),中国的总体报复能力有效抑制了申诉国对华反倾销裁定的结果,那么针对特定的贸易伙伴,中国的报复能力是否能有效发挥作用?这是今后需要厘清的重要问题之一。三是将反倾销领域的研究进行扩展,对其他贸易救济措施进行定量分析。随着 WTO 对反倾销的使用规定了更为严格的条件,反补贴、保障措施等手段将越来越重要,2009 年以来美国对华使用的贸易救济措施中,反补贴所占比重日益增加,"中国特保"条款也成为了一些利益集团的重要武器,因此对这些问题的深入研究将对指导中国商品绕开贸易壁垒、获取更大的贸易利益具有重大的意义。

---

① 例如 Bombardini 和 Trebbi(2009)在经验分析中使用了利益集团雇用的游说者在国会登记的支出数额,认为这是一个反映利益集团活动状况的直接指标,而以往文献中使用的议员获得的政治捐资仅是一个间接的衡量指标。

参考文献

中文文献

[1] 巴格瓦蒂·贾格迪什(2003),《现代自由贸易》(中译本),中信出版社。

[2] 鲍晓华、朱钟棣(2006),贸易政治经济学在中国的适用性检验:以技术性贸易壁垒为例,《管理世界》第1期。

[3] 布坎南·乔治(1986),《经济政策的宪法》,《诺贝尔经济学奖金获得者演讲集》(中),王宏昌、林少宫编译,北京:中国社会科学出版社。

[4] 戴斯勒(2005),《美国贸易政治》(中译本),中国市场出版社。

[5] 高乐咏,王孝松(2008),美国逼迫人民币升值的深层原因探讨——政治经济学视角,《南开学报(哲学社会科学版)》,第4期。

[6] 高乐咏,王孝松(2009),利益集团游说活动的本质与方式:文献综述,《经济评论》第3期。

[7] 顾卫平(2001),论新经济与中美经贸关系,《中州学刊》第1期。

[8] 郭炳南,邓小清(2009),金融危机下贸易保护主义的新趋势与中国的对策,《当代经济管理》第11期。

[9] 宏结(2009),金融危机下美国对华实施保障措施的原因及对策分析,《法学杂志》第11期。

[10] 黄建忠、王俊霖(2007),我国工业部门关税保护的动因结构、效应和优化——基于新政治经济学的经验分析,《南开经济研究》第3期。

[11] 贾怀秦(2004),《中美贸易平衡问题综论》,北京:对外经济贸易大学出版社。

[12] 蒋珠燕(2009),美国对华贸易政策的政治经济学分析,《经济问题探索》第12期。

[13] 雷达、于春海(2004),内外均衡、结构调整和贸易摩擦,《世界经济与政治》第8期。

[14] 李坤望,王孝松(2008a),待售的美国对华反倾销税:基于保护待售模型的经验分析,《经济科学》第2期。

[15] 李坤望、王孝松(2008b),保护待售模型的经验检验——一个文献综述,《新政治经济学

评论》第 4 卷第 2 期。

[16] 李坤望、王孝松(2008c),申诉者政治势力与美国对华反倾销的歧视性——美国对华反倾销裁定影响因素的经验分析,《世界经济》第 6 期。

[17] 李坤望、王孝松(2009),美国对华贸易政策的决策和形成因素——以 PNTR 议案投票结果为例的政治经济分析,《经济学(季刊)》,第 8 卷第 2 期。

[18] 李坤望、王孝松、谢申祥(2009),奥巴马内阁、党派性与中美贸易发展走势,《南开学报(哲学社会科学版)》,第 5 期。

[19] 梁碧波(2009),美国贸易保护:"国家利益"抑或"利益集团"导向——基于美国制造业的实证分析,《国际贸易问题》第 9 期。

[20] 梁碧波(2005),美国对华贸易政策决定的外部制度约束,《世界经济与政治论坛》第 4 期.。

[21] 梁碧波(2006),《美国对华贸易政策决定的均衡机理》,北京:中国社会科学出版社。

[22] 廖菲菲(2009),金融危机以来我国遭到的贸易摩擦现状及其对策——以输美轮胎特保案为视角,《中国商界(下半月)》第 10 期。

[23] 林玲、刘恒(2003),美国对华贸易政策的政治经济分析,《世界经济与政治论坛》第 5 期。

[24] 马静敏(2009),金融危机下贸易摩擦的特点及应对,《现代企业》第 7 期。

[25] 马述忠,李淑玲(2007),对美国贸易政策嬗变的政治经济学分析:一个"利益集团"视角,《国际贸易问题》第 4 期。

[26] 冼国兵(2005),美国出口管制与中美贸易平衡问题,《世界经济与政治》第 3 期。

[27] 王厚双(2002),《各国贸易政策比较》,北京:经济日报出版社。

[28] 王维(2007),美国对华贸易救济的新趋势及其对策,《中央财经大学学报》第 11 期。

[29] 王孝松(2008),ITC 裁定对华反倾销案件时具有歧视性吗?《国际贸易问题》第 9 期。

[30] 王孝松(2009),美国对华贸易政策:历史演变、决策过程和形成因素,《新政治经济学评论》第 5 卷第 2 期。

[31] 王孝松,谢申祥(2009),中国究竟为何遭遇反倾销——基于跨国跨行业数据的经验分析,《管理世界》第 12 期。

[32] 王勇(1998),试论利益集团在美国对华政策中的影响,《美国研究》第 2 期。

[33] 尚鸣(2006),影响美国对华贸易政策的利益集团,《经济》第 4 期。

[34] 沈国兵(2007),美国对中国反倾销的宏观决定因素及其影响效应,《世界经济》第 11

期。

[35] 盛斌(2001),贸易保护的新政治经济学:文献综述,《世界经济》第1期。

[36] 盛斌(2002a),《中国对外贸易政策的政治经济分析》,上海三联书店、上海人民出版社。

[37] 盛斌(2002b),中国工业贸易保护结构政治经济学的实证分析,《经济学(季刊)》第1卷第3期。

[38] 孙君健(2005),克林顿总统时期美国对华政策形成的特点——以总统和国会在对华贸易最惠国待遇问题上的争论为例,《史学月刊》第6期。

[39] 唐宇(2004),中国面临的贸易摩擦现状与根源,《东北财经大学学报》第5期。

[40] 谢建国(2006),经济影响、政治分歧与制度摩擦——美国对华贸易反倾销实证研究,《管理世界》第12期。

[41] 谢申祥,张林霞,王孝松(2010),美国对华反倾销的新动向:2002—2008,《财贸经济》第4期。

[42] 余淼杰(2009),《国际贸易的政治经济学分析:理论模型与计量实证》,北京大学出版社。

[43] 于铁流、李秉祥(2004),中美贸易摩擦的原因及其解决对策,《管理世界》,第9期。

[44] 张二震、马野青(1996),《国际贸易政策》,北京:中国青年出版社。

[45] 张建新、吴云翔(2006),美国贸易政策中的总统自由主义和国会保护主义,《对外经贸实务》第1期。

[46] 赵瑾(2002),《全球化与经济摩擦》,商务印书馆。

[47] 赵晓、柳阳(2005),再论中国崛起之"国际经济摩擦时代",《国际经济评论》,2005年。

[48] 郑晶,马静(2008),利益集团与美国对华贸易政策,《对外经贸实务》第9期。

[49] 钟茂初(2010),如何看待与应对愈演愈烈的美国对华贸易摩擦,《西部论丛》第2期。

英文文献

[50] Alesina, Alberto and Alex Cuckierman. 1990. "The Politics of Ambiguity". *Quarterly Journal of Economics* 105, pp. 829—850.

[51] Alesina Alberto, Roubini Nouriel, and Cohen Gerald. *Political Cycles and the Macroeconomy*, Cambridge, MA: The MIT Press, 1997.

[52] Anderson, James and Maurizio Zanardi. 2004. "Political Pressure Deflection". *NBER Working Paper*, No. 10439.

[53] Anderson, K., "Politico-economic Factors Affecting Structural Change and Adjustment". In C. Aislabie and C. Tisdell, eds., *Institute of Industrial Economics Conference Series* No. 5, University of Newcastle, Australia. (1978)

[54] Anderson, Keith B., "Agency Discretion or Statutory Direction: Decision Making at the US International Trade Commission," *Journal of Law and Economics* 36 (1993): 915—35

[55] Aragones, Enriqueta and Zvika Neeman. 2000. "Strategic Ambiguity in Electoral Competition". *Journal of Theoretical Politics* 12, pp. 183—204.

[56] Austen-Smith, D. 1987. "Interest Groups, Campaign Contributions and Probabilistic Voting". *Public Choice* 54: 123—139.

[57] Austen-Smith, D. "Rational consumers and irrational voters: A review essay on *Black hole tariffs and endogenous policy theory* by Stephen Magee, W. Brock and L. Young, Cambridge University Press, 1989", *Economics and Politics*, 1991, 3: 73—92.

[58] Baldwin Robert E. 1984. "Trade Policies in Developed Countries". In R. W. Jones and P. B. Kenen, eds., *Handbook of International Economics*, Vol. 1. Amsterdam: North-Holland.

[59] Baldwin, R. *The Political Economy of U. S. Import Policy*. Cambridge: MIT Press, 1985.

[60] Baldwin Robert E., "The Political Economy of Trade Policy", *Journal of Economic Perspectives*, Vol. 3, No. 4. (1989), pp. 119—135

[61] Baldwin, R and Magee, C. "Is trade policy for sale? Congressional voting on recent trade bills", *Public Choice*, 2000, Vol. 105: 79—101.

[62] Baldwin Robert E. and Jeffrey W. Steagall, "An Analysis of ITC Decisions in Antidumping, Countervailing Duty and Safeguard Cases," *Wdltwirtschaftliches Archiv* 130 (1994): 290—308

[63] Baldwin, Robert E. and Moore, Michael O. (1991) "Political Aspects of the Administration of the Trade Remedy Laws," in Richard Boltuck and Robert E. Litan (eds.), *Down in the Dumps: Administration of the Unfair Trade Laws*. Washington, DC: The Brookings Institution, 253—280.

[64] Ball D. S., "United States Effective Tariffs and Labor's Share," *Journal of Political Economy* 75 (1967): 183—187.

[65] Baron, David. 1994. "Electoral Competition with Informed and Uninformed Voters." *American Political Science Review*, 88 (1), pp. 33—47.

[66] Becker, Gary S., "A Theory of Competition among Pressure Groups For Political Influence," *Quarterly Journal of Economics* 98 (1983):371—400

[67] Bernheim, B. Douglas and Michael D. Whinston. 1986. "Menu Auctions, Resource Allocation, and Economic Influence", *Quarterly Journal of Economics* 101, pp. 1—31.

[68] Bhagwati Jagdish (1982a) "The Political Economy of Protectionism." In J. N. Bhagwati, eds. *Import Competition and Response*. Chicago:The University of Chicago Press.

[69] Bhagwati Jagdish (1982b), "Directly-unproductive Profit-seeking (DUP) Activities." *Journal of Political Economy* 90: pp. 988—1002

[70] Bhagwati Jagdish, *Protectionism*, Cambridge, Massachusetts: MIT Press, 1988.

[71] Bhagwati J. and B. Hansen (1973), "Theoretical Analysis of Smuggling." *Quarterly Journal of Economics* 87: pp. 172—187

[72] Blonigen, Bruce A. (2003) "Evolving Discretionary Practices of US Antidumping Activity," *NBER Working Paper*, W9625.

[73] Blonigen, Bruce A. and Thomas J. Prusa. (2001) "Antidumping," *NBER Working Paper*, W8398.

[74] Boltuck, Richard and Robert E. Litan (Eds.). (1991). *Down in the Dumps: Administration of the Unfair Trade Laws*. Washington, DC: The Brookings Institution.

[75] Bombardini, Mathilde (2004), "Firm Heterogeneity and Lobby Participation," mimeo, MIT.

[76] Bombardini Matilde and Francesco Trebbi. 2007. "Votes or Money? Theory and Evidence from the US Congress." *NBER Working Paper*, No. 13672.

[77] Bombardini Matilde and Francesco Trebbi. 2009. "Competition and Political Organization: Together or Alone in Lobbying for Trade Policy?" *NBER Working Paper*, No. 14771.

[78] Bown Chad and Rachel McCulloch(2005), U. S. trade policy toward China: discrimination and its implications. Paper for presentation at the PAFTAD 30 conference at the East-West Center in Honolulu.

[79] Brock, William A. and Magee, Stephen P. "The Economics of Special Interest Politics: The Case of the Tariff." *American Economic Review* 68(1978): 246—250

[80] Caves, R. E., 1976, "Economic Models of Political Choice: Canada's Tariff Structure", *Canadian Journal of Economics*, 9: 278—300

[81] Chang Pao-Li. 2005. "Protection for Sale under Monopolistic Competition", *Journal of International Economics* 66 (2), 509—526.

[82] Chang Pao-Li and Myoung-Jae Lee (2005), "Protection for Sale Under Monopolistic Competition: An Empirical Investigation", mimeo, Singapore Management University

[83] Chappell, H. "Campaign contributions and congressional voting: A simultaneous probit-tobit model", *Review of Economics and Statistics*, 1982, 64: 77—83.

[84] Cheh, John H., 1974, "United States Concessions in the Kennedy Round and Short-Run Labor Adjustment Costs," *Journal of International Economics*, November 4:323—340.

[85] Constantopoulos, M., "Labor Protection in Western Europe," *European Economic Review* 5 (1974): 313—318.

[86] Corden, W. Max, 1974, *Trade Policy and Welfare*, Oxford: Oxford University Press.

[87] Destler, Mac I. 1995. *American Trade Politics*. Washington DC: Institution for International Economics.

[88] DeVault, James M. (1993) "Economics and the International Trade Commission," *Southern Economic Journal*, Vol. 60(2):463—478.

[89] Dietrich John, Interest Groups and Foreign Policy: Clinton and the MFN Debates. *Presidential Studies Quarterly*, No.2. Vol.29 (June 1999), pp. 280—296.

[90] Dixit, A and J. Londregan. 1996. "The Determinants of Success of Special Interests in Redistributive Politics", *Journal of Politics* 58: 1132—55.

[91] Downs, Anthony. 1957. *An Economic Theory of Democracy*. Boston, MA: Addison-Wesley.

[92] Edwards, S. and D. Lederman "The Political Economy of Unilateral Trade Liberalization: The Case of Chili". *NBER Working Paper* (1998) W6510.

[93] Eicher, Theo and Thomas Osang (2002), "Protection for Sale: An Empirical Estimation: Comment," *American Economic Review*, Vol. 92, No. 5, pp. 1702—1710.

[94] Evans Carolyn L. and Shane M. Sherlund. 2006. "Are Antidumping Duties for Sale? Case-Level Evidence on the Grossman-Helpman Protection for Sale Model." Board of Governors of the Federal Reserve System, *International Finance Discussion Papers*. No.888

[95] Epstein, David and Sharyn O'Halloran. 1999. *Delegating Powers*. Cambridge: Cambridge University Press.

[96] Facchini, G., J. Van Biesebroeck and G. Willmann (2006), "Protection for Sale with Im-

perfect Rent Capturing," *Canadian Journal of Economics*, Vol. 39, 845—873

[97] Findlay, R. and Wellisz, S. "Endogenous Tariffs and the Political Economy of Trade Restrictions and Welfare", In Jagdish Bhagwati (ed.) *Import Competition and Response*, Chicago, IL: University of Chicago, 1982.

[98] Finger, J. Michael, H. Keith Hall, and Douglas R. Nelson. "The Political Economy of Administered Protection." *American Economic Review* 72(1982): 452—466

[99] Fieleke, N., The Tariff Structure for Manufacturing Industries in the United States: A Test of Some Traditional Explanations," *Columbia Journal of World Business* 11 (1976):98—104.

[100] Fisher, R., Gokcekus, O and Tower, E. "Steeling House Votes at Low Prices for the Steel Import Quota Bill of 1999", Working Paper, 2002.

[101] Gallaway, Michael P., Christine A. McDaniel, and Sandra A. Rivera, "Short-run and Long-run Industry-level Elasticities of U. S. Armington Elasticities," *The North American Journal of Economics and Finance*, 2003, 14.

[102] Gawande, K. and Bandyopadhyay, U. "Is Protection for Sale? Evidence on the Grossman-Helpman Theory of Endogenous Protection", *Review of Economics and Statistics*, 2000, 82: 139—152.

[103] Gawande Kishore and Bernard Hoekman (2006), Lobbying and Agricultural Trade Policy in the United States, World Bank Policy Research Working Paper 3819,

[104] Gawande, K. and Krishna, P. "The Political Economy of Trade Policy: Empirical Approaches", in *The Handbook of International Trade*, James Harrigan and E. Kwan Choi (eds.), Basil Blackwell, 2003.

[105] Gawande Kishore, Pravin Krishna and Michael J. Robbins, "Foreign Lobbies and US Trade Policy", *NBER Working Paper*, (2004) W10205

[106] Gawande, Kishore and Pravin Krishna (2005), "Lobbying Competition over US Trade Policy," NBER Working Paper No. 11371.

[107] Goldberg, Pinelopi and Giovanni Maggi. 1999. "Protection for Sale: An Empirical Investigation". *American Economic Review* 89: 1135—1155.

[108] Grossman, G. and Helpman, E. "Protection for Sale", *American Economic Review*, 1994, Vol. 84: 833—850

[109] Grossman, Gene, and Elhanan Helpman. "Trade Wars and Trade Talks," *Journal of Politi-

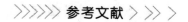

cal Economy 103 (1995):675—708.

[110] Grossman, Gene, and Elhanan Helpman. 1996. "Electoral Competition and Special Interest Politics." *Review of Economic Studies* 63: 265—286.

[111] Hall Richard L. and Matthew N. Beckmann. 2004. "The Legislative Politics of Protectionism: A theory of Lobbyists' Strategy for Influencing U. S. Trading Policy". *Working Paper*.

[112] Hansen, Wendy. 1990. "The International Trade Commission and the Politics of Protectionism."*American Political Science Review* 84, pp. 21—46.

[113] Hansen, Wendy L. and Thomas J. Prusa. (1996) "Cumulation and ITC Decision Making: The Sum of the Parts is Greater than the Whole," *Economic Inquiry*, Vol. 34(4): 746—769.

[114] Hansen, Wendy L. and Thomas J. Prusa. (1997) "The Economics and Politics of Trade Policy: An Empirical Analysis of ITC Decision Making," *Review of International Economics*, Vol. 5(2): 230—245.

[115] Hauk Jr, W., 2005. "Protection with Many Sellers: An Application to Legislatures with Malapportionment". *Working Paper*.

[116] Heckscher, Eli F. "The Effect of Foreign Trade on the Distribution of Income" (in Swedish). *Ekonomisk Tidskrift*, 1919, 21 (2), pp. 1—32; reprinted in *Readings in the Theory of International Trade*. Homewood, IL: Irwin, 1950, pp. 272—300.

[117] Helleiner, G.K, "The Political Economy of Canada's Tariff Structure: An Alternative Model." *Canadian Journal of Economics* 4, no.2 (1977): 318—326.

[118] Helpman, E. 1995. "Politics and Trade Policy", Eitan Berglas School of Economics, *Tel Aviv University Working Paper* No. 30—95.

[119] Helpman, E., and Persson, T., 2001. "Lobbying and legislative bargaining". *Advances in Economic Analysis and Policy* 1 (1).

[120] Hillman Arye. 1989. *The Political Economy of Protection*. Chur: Harwood.

[121] Hillman, A. "Declining industries and political support protectionism", *American Economic Review*, 1982, 72: 1180—1187.

[122] Hoagland Jim, Latest Trade Darling. *Washington Post*, March 23, 1994.

[123] Holian, D., Krebs, T. and Walsh, M. "Constituency opinion, Ross Perot, and roll-call behavior in the U.S. House: The case of the NAFTA", *Legislative Studies Quarterly*, 1997,

22: 169—392.

[124] Imai Susumu, Hajime Katayama and Kala Krishna. 2006. "Protection for Sale or Surge Protection?" *NBER Working Paper*, No. 12258.

[125] Jones R. W. and P Neary. 1984. "The Positive Theory of International Trade". In R. W. Jones and P. B. Kenen, eds., *Handbook of International Economics*, Vol. 1. Amsterdam: North-Holland.

[126] Kahane, L. "Congressional voting patterns on NAFTA: An empirical analysis", *American Journal of Economics and Sociology*, 1996, 55: 395—409.

[127] Krugman Paul. Can America stay on top? *Journal of Economic Perspectives*, 2000, Vol.14: 169—175

[128] Krugman Paul, Wages, Wealth and Politics, New York Times, 2006, August 18.

[129] Kruguer, A. (1974), "The Political Economy of the Rent-Seeking Society." *American Economic Review* 64: pp. 291—303

[130] Lavergne, Real P., *The Political Economy of US Tariffs: An Empirical Analysis*. New York, NY: Academic Press, 1983.

[131] Lindbeck, A. and J. W. Weibull. 1987. "Balanced-budget Redistribution as the Outcome of Political Competition". *Public Choice* 54, 273—297.

[132] Lindsay, Brink. (1999) *The U.S. Antidumping Law: Rhetoric versus Reality*. Washington, DC: Cato Institute.

[133] Lindsay, Brink and Dan Ikenson. (2002) *Antidumping 101: The Devilish Details of 'Unfair Trade' Law*. Washington, DC: Cato Institute.

[134] Lopez Rigoberto A. and Xenia Matschke, "Food Protection for Sale", *Review of International Economics*, 14(3), 380—391, 2006

[135] Magee, S. P., W. A. Brock and L. Young (1989), *Black Hole Tariffs and Endogenous Policy Theory*. Cambridge and New York: Cambridge University Press.

[136] Magee, S. P. and Young, L. (1987). "Endogenous Protection in the United States, 1900—1984". In R. M. Stern, ed., *U.S. Trade Policies in a Changing World Economy*. Cambridge: MIT Press.

[137] Matschke, Xenia and Shane M. Sherlund, "Do Labor Issues Matter in the Determination of US Trade Policy? An Empirical Reevaluation," American Economic Review 96 (2006):

405—421.

[138] Mayer, W. "Endogenous Tariff Formation", *American Economic Review*, 1984, 74: 970—985.

[139] Mayer, Wolfgang, 1999. "The Political Economy of Administering Trade Laws", in John Pigott and Alan Woodland, eds., *International Trade Policy and Pacific Rim*. London: MacMillan.

[140] McCalman, P. "Protection for sale and trade liberalization: an empirical investigation", *Review of International Economics*, 2004, 12, 81—94

[141] Mitra, D., D. Thomakos and M. Ulubasoglu. "Protection for Sale in a Developing Country: Democracy versus Dictatorship", *Review of Economics and Statistics*, 2002, Vol. 84, pp. 497—508.

[142] Mitra, D., D. Thomakos and M. Ulubasoglu. (2006) "Can we obtain realistic parameter estimates for the 'protection for sale' model?" Canadian Journal of Economics 39, 187—210

[143] Moore, Michael O. (1992) "Rules or Politics? An Empirical Analysis of ITC Anti-dumping Decisions," *Economic Inquiry*, Vol. 30(3): 449—466

[144] Mussa, Michael, 1974, "Tariffs and the Distribution of Income: The Importance of Factor Specificity, Substitutability and Intensity in the Short and Long Run," *Journal of Political Economy*:1191—1203.

[145] Nakayama Toshihiro (2006), Politics of U. S. Policy toward China. *Brookings Paper Series*.

[146] Neary, J. Peter, 1978, "Short-Run Capital Specificity and the Pure Theory of International Trade," *Economic Journal*, 88: 488—510.

[147] Neary, J. P. (1995): "Factor mobility and international trade." *Canadian Journal of Economics*, 28, S4—S23.

[148] Ohlin, Bertil G. *Interregional and International Trade*. Cambridge, MA: Harvard University Press, 1933.

[149] Olson, M., *The Logic of Collective Action: Public Goods and the Theory of Groups*, Cambridge: Harvard University Press. (1965)

[150] Olson, K. and B. Liebman, "The Returns from Rent-Seeking: Campaign Contributions, Firm Subsidies and the Byrd Amendment", Working Paper, 2004.

[151] Peltzman, S. (1976): "Toward A More General Theory of Regulation." *Journal of Law and Economics* 19: pp. 211—240.

[152] Pincus, J., "Pressure Groups and the Pattern of Tariffs", *Journal of Political Economy*, (1975), 83: 857—778

[153] Prusa Thomas J. "Cumulation and Anti-dumping: A Challenge to Competition." *World Economy* 21(1998): 1021—1033

[154] Ray, Edward J., "The Determinants of Tariff and Nontariff Trade Restrictions in the United States", *Journal of Political Economy* 89 (1981): 105—121.

[155] Samuelson, Paul A. "International Trade and the Equalisation of Factor Prices." *Economic Journal*, June 1948, 58 (230), pp. 163—184.

[156] Samuelson, Paul A. "International Equalisation of Factor Prices Again." *Economic Journal*, June 1949, 59 (240), pp. 181—197.

[157] Steagall, J. and K. Jennings. "Unions, PAC contributions, and the NAFTA vote", *Journal of Labor Research*, 1996, 17: 515—521.

[158] Stigler, G. J (1971): "The Theory of Economic Regulation." *Bell Journal of Economics and Management Science* 2: pp. 3—21.

[159] Stratmann, T. "What do campaign contributions buy? Decipherering causal effects of money and votes", *Southern Economic Journal*, 1991, 57: 606—620.

[160] Tullock, G. (1967). "The Welfare Costs of Tariffs, Monopolies and Theft." *Western Economic Journal*, 5, pp. 224—232.

[161] United States Government Printing Office, (2008) *U. S. Economic Report of the President*

[162] Uslaner, E. "Let the chips fall where they may? Executive and constituency influences on congressional voting behavior on NAFTA", *Legislative Studies Quarterly*, 1998, 23: 347—371.

[163] Walsh Ed, Clinton indicts Bush's World Leadership, *Washington Post*, October 2, 1992.

[164] Yu Miaojie, 2007. "Trade Politics: A Heckscher—Ohlin—Downs Framework", *CCER Working Paper*.

附　录

附录一　第四章命题证明过程

A1.1　命题 4.2 和命题 4.3 的证明

由(4.17)式可知,当 $I_i = 0$ 时,行业 i 的均衡关税(补贴)水平为:

$$\frac{t_i^0}{1+t_i^0} = \frac{-\beta\alpha_L + \alpha_i - \alpha_i^2 + \sum_{j \in L}\alpha_j^2}{a + \beta\alpha_L + \alpha_i^2 - \sum_{j \in L}\alpha_j^2} \times \frac{z_i^0}{e_i^0}$$

令

$$\Omega = \frac{-\beta\alpha_L + \alpha_i - \alpha_i^2 + \sum_{j \in L}\alpha_j^2}{a + \beta\alpha_L + \alpha_i^2 - \sum_{j \in L}\alpha_j^2}$$

则有:

$$\frac{\partial \Omega}{\partial \alpha_i} = \frac{-\alpha_i^2 - 2a\alpha_i + a + \beta\alpha_L - \sum_{j \in L}\alpha_j^2}{(a + \beta\alpha_L + \alpha_i^2 - \sum_{j \in L}\alpha_j^2)^2}$$

考察关于 α_i 的二次函数 $\Gamma = -\alpha_i^2 - 2a\alpha_i + a + \beta\alpha_L - \sum_{j \in L}\alpha_j^2$。判别式 $\Delta = 4(a^2 + a + \beta\alpha_L - \sum_{j \in L}\alpha_j^2)$,若 a、β 同时很小,且 $\sum_{j \in L}\alpha_j^2$ 很大,则 $\Delta < 0$,Γ 恒小于 0,即 $\frac{\partial \Omega}{\partial \alpha_i} < 0$。命题 4.2 得证。

若 a、β 不同时很小,则 $\Delta > 0$,且 $a + \beta\alpha_L - \sum_{j \in L} \alpha_j^2 > 0$,可以求出 $\bar{\alpha}_i = \frac{\sqrt{\Delta} - 2a}{2}$,当 $0 < \alpha_i < \bar{\alpha}_i$ 时,$\frac{\partial \Omega}{\partial \alpha_i} > 0$,而 $\alpha_i > \bar{\alpha}_i$ 时,$\frac{\partial \Omega}{\partial \alpha_i} < 0$。命题 4.3 得证。

A1.2 命题 4.4 的证明

由(4.17)式可知,当 $I_i = 1$ 时,行业 i 的均衡关税(补贴)水平为:

$$\frac{t_i^0}{1 + t_i^0} = \frac{\beta - \beta\alpha_L + \sum_{j \neq i \in L} \alpha_j^2}{a + \beta\alpha_L - \sum_{j \neq i \in L} \alpha_j^2} \times \frac{z_i^0}{e_i^0}$$

令

$$\Psi = \frac{\beta - \beta\alpha_L + \sum_{j \neq i \in L} \alpha_j^2}{a + \beta\alpha_L - \sum_{j \neq i \in L} \alpha_j^2}$$

则有:

$$\frac{\partial \Psi}{\partial \beta} = \frac{a(1 - \alpha_L) - \sum_{j \in L} \alpha_j^2}{(a + \beta\alpha_L - \sum_{j \neq i \in L} \alpha_j^2)^2}$$

由于 $1 - \alpha_L > 0$,所以:

当 $a > \frac{\sum_{j \in L} \alpha_j^2}{1 - \alpha_L}$ 时,$\frac{\partial \Psi}{\partial \beta} > 0$;

当 $a < \frac{\sum_{j \in L} \alpha_j^2}{1 - \alpha_L}$ 时,$\frac{\partial \Psi}{\partial \beta} < 0$。

于是,命题 4.4 得证。

A1.3 命题 4.5 的证明

对于 $I_i = 0$,

$$\frac{\partial \Omega}{\partial \beta} = - \frac{\alpha_L (a + \alpha_i)}{\left(a + \beta\alpha_L + \alpha_i^2 - \sum_{j \in L} \alpha_j^2\right)^2} < 0$$

所以,命题 4.5 得证。

附录二 第五章数据来源

变量名称	数据来源
PNTR	2000 Congressional Quarterly Almanac, Appendix H-74—H75. Congressional Quarterly Inc. Washington, 2001.
Labor Contributions	http://www.opensecrets.org/politicians/candlist.asp?Sort=S&Cong=106
Business Contributions	http://www.opensecrets.org/politicians/candlist.asp?Sort=S&Cong=106
Ideological Contributions	http://www.opensecrets.org/politicians/candlist.asp?Sort=S&Cong=106
Terms	http://www.opensecrets.org/politicians/candlist.asp?Sort=S&Cong=106
Democrat	2000 Congressional Quarterly Almanac, Appendix H-74—H75. Congressional Quarterly Inc. Washington, 2001.
Ways and Means Committee	http://waysandmeans.house.gov/legacy/106commpic.htm
Labor Committee	http://edworkforce.house.gov/about/members.shtml
Commerce Committee	http://energycommerce.house.gov/membios/histpg106.shtml#106th
AFL-CIO Rating	http://www.vote-smart.org/official_five_categories.php?dist=issue_rating_category.php
COC Ratings	http://www.vote-smart.org/issue_rating_detail.php?sig_id=001694W
ACU Ratings	http://www.acuratings.org/ratingsarchive/2000/2000House.htm

（续表）

变量名称	数据来源
LCV Ratings	http://www.capwiz.com/lcv/dbq/vote_info/?command=results&chamber=S&sort=Last&session=106&submit.x=15&submit.y=11
No High School Rate	http://www.census.gov/prod/cen2000/doc/sf3.pdf
No College Rate	根据 http://www.census.gov/prod/cen2000/doc/sf3.pdf 中的数据整理
Chinese Rate	http://www.lib.umich.edu/govdocs/census2/demoprof.html
Rural Rate	http://sobek.colorado.edu/~esadler/districtdatawebsite/fin105.csv
Blue Collar Rate	http://sobek.colorado.edu/~esadler/districtdatawebsite/fin105.csv
Unionization Rate	http://sobek.colorado.edu/~esadler/districtdatawebsite/fin105.csv
Agriculture	http://factfinder.census.gov/home/en/datanotes/expsf3.htm
Manufacture	http://factfinder.census.gov/home/en/datanotes/expsf3.htm
Per-capita Income	http://arcdata.esri.com/data/tiger2000/tiger_download.cfm
Unemployment Rate	http://arcdata.esri.com/data/tiger2000/tiger_download.cfm

附录三 第六章数据来源

变量名称	数据来源
Injury	USITC(2006). Import Injury Investigations Case Statistics (FY 1980—2005)
Duty	http://www.brandeis.edu/~cbown/global_ad/；http://darkwing.uoregon.edu/~bruceb/adpage.html

(续表)

变量名称	数据来源
Contribution	相关公司的网站；ftp://ftp.fec.gov/FEC/；http://www.opensecrets.org；http://www.campaignmoney.com；http://www.business.com 等
I	根据政治捐资数值整理而得
$I(-1)$	根据政治捐资数值整理而得
CR4	http://www.census.gov/mcd/historic/mc92cr.txt
Herfindahl	http://www.census.gov/mcd/historic/mc92cr.txt
Union Rate	http://www.unionstats.com/；http://www.trinity.edu/bhirsch/unionstats/
Employment	http://www.census.gov/prod/1/manmin/92mmi/92manuff.html；http://www.census.gov/mcd/asm-as1.html
Z	www.nber.org/nberces/bbg96_87.xls；http://www.census.gov/mcd/asm-as1.html
$Z(-1)$	www.nber.org/nberces/bbg96_87.xls；http://www.census.gov/mcd/asm-as1.html
Elasticity	Gallaway, McDaniel 和 Rivera(2003)
PerVadd	www.nber.org/nberces/bbg96_87.xls；http://www.census.gov/mcd/asm-as1.html
Production	http://www.census.gov/prod/1/manmin/92mmi/92manuff.html；http://www.census.gov/mcd/asm-as1.html
Deficit	Economic Report of the President(2007)
Unemployment	Economic Report of the President(2007)
China	USITC(2006). Import Injury Investigations Case Statistics (FY 1980—2005)
Balance	Economic Report of the President(2007)；http://www.imfstatistics.org/DOT/logon.aspx
Steel	根据 http://www.brandeis.edu/~cbown/global_ad/ 中的资料整理
Chemical	根据 http://www.brandeis.edu/~cbown/global_ad/ 中的资料整理
Machine	根据 http://www.brandeis.edu/~cbown/global_ad/ 中的资料整理

美国对华贸易政策的决策机制和形成因素

附录四 美国对华反倾销的新动向(2002—2009)

表3.4中的数据显示出,中国入世以来,美国反倾销呈现出"总体上减少,对中国激增;总体上分散,对中国集中"的特征,显示出美国对华反倾销高度的歧视性。而分年度、分行业并从历史视角对美国对华反倾销的特征进行考察,可以为我们提供更为详尽的信息。

A4.1 美国对华反倾销案件的年度统计

回顾表1.1,2002年至2004年,美国对华反倾销案件数量占其当年全部案件数的四分之一左右,而2005年之后,对华反倾销案件数占各年全部案件数的比重均超过了30%,特别是2008年和2009年的比例更是超过了60%,这十分明显地表现出美国试图通过反倾销对中国出口产品进行打压的目的。反倾销专对中国的比例在各年有所差异,从四分之一(2005年)到超过四分之三(2002年)不等,但总体来看,美国申诉者往往倾向于专门对中国商品发起反倾销诉讼,表现出强烈的歧视性。ITC在各年度确认损害的比例普遍很高,特别是2007年,针对中国的全部12起案件都被ITC确认为构成损害,而且被ITA裁定的税率平均达到155%。2008年发起诉讼的11起案件中有10起被ITC确认构成损害,面临的平均税率高达152%;而2009年,10起被ITC确认损害的案件平均税率也达到了149%的较高水平。这样,2002年到2009年,美国对华反倾销案件占全部案件比例高达36%,其中接近80%的案件最终被征收反倾销税,而平均税率更是高达165%。

综上,不难看出,在本章的考察期内,美国对华发起反倾销措施呈现出严酷性和歧视性并存的局面,并且随着时间的推移,这种趋势不断加剧。

A4.2 美国对华反倾销的行业分布

按照涉案商品的编码协调制度(HS)代码,我们将其归并到各个行业之中。由表 A4.1 所示,无论从整个考察期来看,还是从各个年度来看,化工业和钢铁业都是美国对华反倾销的主要部门。考察期内,涉及这两个行业的案件占全部案件的比例高达 63%,在各个年份,该比例从 33%(2004 年)到 89%(2002 年)不等。中国的机电产品也是美国反倾销的重要目标,涉及该行业产品的案件数占案件总数的 12%,特别是 2008 年,该比例高达 36%。在考察期内,针对纺织业和造纸业发起的反倾销诉讼共有 5 件,占全部案件的 7.4%。一个有趣的现象是,各界普遍认为中国极具比较优势的纺织品与服装并未成为美国反倾销打击的重要目标。实际上,这并不意味着美国对中国纺织品的限制力度较小,而是反映了美国用种种其他措施有效限制了中国纺织品对美出口。①

表 A4.1 美国对华反倾销案件行业分布(2002—2009 年)

年份	化工	钢铁	机电	纺织	造纸	其他	合计
2002	4(44.4)	4(44.4)	1(11.1)	0	0	0	9
2003	6(60)	0	2(20)	0	0	2(20)	10
2004	1(16.7)	1(16.7)	0	0	2(33.3)	2(33.3)	6
2005	0	2(50)	0	1(25)	1(25)	0	4
2006	2(50)	0	0	1(25)	0	1(25)	4
2007	5(41.7)	4(33.3)	1(8.3)	1(8.3)	1(8.3)	0	12
2008	3(27.3)	4(36.4)	4(36.4)	0	0	0	11
2009	1(8.3)	6(50)	0	2(12.7)	1(8.3)	2(16.7)	12
总计	21(37.5)	15(26.8)	8(14.3)	3(5.4)	4(7.1)	5(8.9)	56

注:括号中的数字表示涉及该行业案件数占当年总案件数百分比。
资料来源:原始数据来源于 Brandeis 大学 C. Bown 教授建立的全球反倾销数据库 6.0 版本(http://econ.worldbank.org/ttbd/),和美国 ITC 发布的《进口损害案件统计(1980—2010 财年)》。作者根据相关数据整理计算而得。表 A4.2 同。

---

① 2005 年之前,美国可以使用配额限制纺织品进口数量。在后配额时代,美国仍然可以使用专对中国的"纺织品保障措施"来限制从中国进口纺织品。在一些时候,美国政府还直接向中国施压,迫使其"自愿"限制纺织品对美出口。

美国对华贸易政策的决策机制和形成因素

考察涉案商品数量最多的三个行业,我们将反倾销的相关指标列于表 A4.2 之中。从专对中国发起诉讼的比例来看,涉及机电产品的反倾销案件中,专对中国的比例最高,达到了四分之三,钢铁业次之,比例为 57.1%,而涉及化工业的案件中,专对中国的比例为 36.4%,小于全部案件的平均水平。这是因为美国化工业的厂商和劳工组织为了争取获得 ITC 对反倾销案件做出损害的裁定,往往一同对多个国家的进口商品发起诉讼,所以发起反倾销申诉并非只"偏爱"中国商品。① 另一方面,这也在一定程度上解释了中国化工产品在美频繁遭受反倾销的原因:中国的相关商品同其他国家的同类商品一起对美国的进口竞争部门构成了威胁,因而同其他国家的商品一道,成为美国申诉者的投诉对象。在确认损害方面,涉及各行业的案件被确认损害的比例比较接近,都围绕在全部案件的平均值(80%)上下,最低为钢铁业(71.4%),最高为机电业(87.5%)。涉及不同行业的案件被征的反倾销税率之间存在较为明显的差异:涉案产品属于化工业的案件的税率均值为 173%,略高于全部案件的平均税率;机电业案件的税率均值超过了 200%,可以明显看出美国使用反倾销措施打压中国比较优势愈发明显的机电产品的用意;钢铁业案件的税率均值为 116%,仅为全部案件平均税率的 70%。各个行业税率的标准差均小于税率均值,说明涉及各行业产品的案件被征税率波动幅度较小,特别是化工业,税率标准差仅为税率均值的一半。由于各行业案件的被征税率都较高,而税率标准差相对较小,表现了中国入世之后美国相关裁定机构一贯地对中国商品征收高额反倾销税的行动特点。

---

① 当然,这并不意味着化工行业对华反倾销的歧视性程度低。在涉案产品为化工产品且针对多国商品发起的案件中,对中国商品征收的反倾销税均值为 155.1%,对其他国家商品征收的税率均值为 69.7%。

表 A4.2 美国对华反倾销案件分行业统计指标（2002—2009 年）

	案件数	占全部案件比例	专对中国数目	专对中国比率	ITC 确认损害数目	确认损害比率	税率均值	税率标准差
全部	68	100%	35	51.5%	54	79.4%	165.1%	81.3%
化工业	22	32.4%	8	36.4%	17	77.3%	173.0%	86.6%
钢铁业	21	30.9%	12	57.1%	15	71.4%	116.2%	78.8%
机电业	8	11.8%	6	75.0%	7	87.5%	201.7%	129.5%
其他	17	25.1%	5	29.4%	15	88.2%	165.1%	78.7%

综合以上分析，可以概括出中国入世之后美国对华反倾销的行业特征。在考察期内，美国对华反倾销的行业分布十分集中，化工业、钢铁业和机电业商品是被申诉的主要目标，涉及这些行业的案件占案件总数的四分之三。化工业遭受反倾销的次数最多，但往往是同其他国家的商品一同被列为申诉对象。钢铁业案件被确认损害的比例略低于全部案件的平据水平，而且最终被征收的反倾销税率显著低于全部案件的税率均值。涉及机电业的案件数目相对较少，但专对中国的比例和确认损害的比例都较高，税率均值也远远高出全部案件的平均水平。

A4.3 美国对华反倾销：历史视角

为了进一步剖析中国入世之后美国对华反倾销所呈现出的新特点，我们将 2002 年之后美国对华反倾销的状况同较早时期的状况进行比较，透过历史的视角进行审视，重点在于对相对比例进行考察。

表 A4.3 美国对华反倾销案件分阶段统计指标

项目 \ 阶段	1980—1990	1991—2001	2002—2009	总计
(1) 全部案件数	507	514	189	1 210
(2) 确认损害案件数	205	228	98	531
(3) 针对中国案件数	28	61	68	157
(4) 确认中国商品损害案件数	22	35	54	111
(5) 全部案件确认损害比例	40.4%	44.4%	51.9%	43.9%

美国对华贸易政策的决策机制和形成因素

(续表)

项目 \ 阶段	1980—1990	1991—2001	2002—2009	总计
(6) 针对中国案件比例	5.5%	11.9%	36.0%	13.0%
(7) 中国商品损害案件占全部损害案件比例	10.7%	15.4%	55.1%	20.9%
(8) 中国商品损害案件占针对中国案件比例	78.6%	57.4%	79.4%	70.7%
(9) 全部案件平均税率	38.3%	62.1%	110.2%	59.6%
(10) 针对中国案件平均税率	42.2%	128.2%	165.1%	128.5%

注:各行计算方法为(5) = (2)/(1);(6) = (3)/(1);(7) = (4)/(2);(8) = (4)/(3)。

表 A4.3 的第一行展示了美国在各个时期的反倾销案件总数,其中,1980 年至 1990 年和 1991 年至 2001 年这两个时间段的案件总数基本持平,而本文的考察期,即 2002 年至 2009 年的数量相对较少。在前两个阶段,每阶段的案件总数都略大于 500,后一个阶段案件总数为 189 件,只相当于前两阶段(各自)的 37% 左右,这充分表明近年来美国的厂商和劳工组织发起反倾销诉讼越来越少。[①] 与此形成对照的是,美国的申诉者越来越偏爱对中国商品发起反倾销,最后一个阶段(8 年)针对中国商品发起的案件总数为第一个阶段(11 年)总数的 2.4 倍,超过了第二个阶段(11 年)案件的总数。第六行的指标更能揭示出美国对华反倾销的增长趋势,在三个阶段,针对中国的案件占全部案件之比由 5.5% 上升至 12%,又激增至 36%。图 A4.1 可作为表 A4.3 第六行的补充,从三年移动平均值来看,1990 年以前,美国对华反倾销案件占全部案件比重很小,1990 年之后比重大幅提升,但各年的比重有较大波动,1999 年降至较低的水平,此后一路攀升,而 2005 年之后,这一比重的增长率又创新高,连接 5 年散点的直线斜率变得更为陡峭,从而将整个第三阶段的比重推向了 33% 的高峰。这样,第一、三、六行的指标,连同图 A4.1 再一次印证了近年来美国反倾销呈现出"对中国集中"的特征。

由表 A4.4 第五行可知,从 20 世纪 80 年代开始,美国 ITC 确认损害的比例一直维持在较高的水平,并且随着时间的推移,该比例略有上升。第八行中的指标意味着,在裁定对华反倾销案件时,ITC 倾向于给予更高比例的损害确认。即

[①] 注意前两个阶段各自包含 11 年,后一个阶段包含 7 年,7 除以 11 约等于 64%。

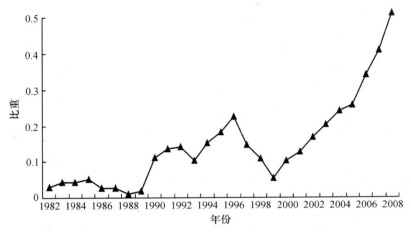

图 A4.1　对华反倾销案件占全部案件比例的三年移动平均值

使是在确认比例较低的第二阶段,57.4% 的确认比例仍然高于各阶段的全部案件确认比例。第七行则展示出美国对华反倾销的严酷性日益增强,因为在 ITC 确认损害的全部案件中,针对中国的比例由 10.7% 升至 15.4%,在最后一阶段又飙升至 55.1%。从图 A4.2 也可看出这一特征,尽管从 1980 年之后,美国对华反倾销确认损害的案件占全部损害案件的比例呈现出持续上升的态势,但 2002 年之后的增长率水平明显高于从前。在 8 年间,美国对一个特定国家(中国)征收反倾销税的案件数占征税案件总数的一半,其严酷性可见一斑,并且彰显出美国使用贸易救济措施打压中国商品的目的。

第九、十两行揭示出美国反倾销税呈现出"税率升级"的局面。全部案件的平均税率由不足 40%,上升至 60% 以上,后来又几乎翻了一番,达到了 110% 以上。对华反倾销案件的平均税率由 40% 上升到接近 130%,又上升到接近 165%。需要注意的是,对华反倾销案件的平均税率在各个阶段均高于全部案件的平均税率,并且同全部案件税率的"升级"幅度不同,第三阶段同第一阶段相比,全部案件的税率提高了 188%,而对华反倾销案件的税率提高了 275%。图 A4.3 为各个年度税率的三年移动平均值,实线代表全部案件税率,虚线代表针对中国案件的税率,显然,实线更为平缓,而虚线更为陡峭。针对中国案件裁定

美国对华贸易政策的决策机制和形成因素

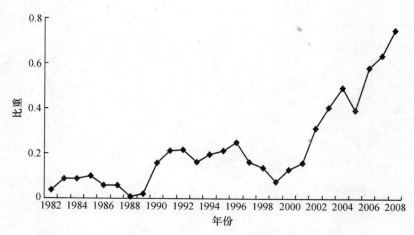

图 A4.2 对华反倾销确认损害占全部损害比例的三年移动平均值

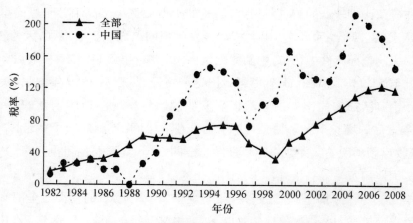

图 A4.3 美国反倾销税率的三年移动平均值

的税率呈现出起伏波动的状态,但总体的趋势是向上增长的,特别是 2002 年之后,税率的三年移动平均值始终维持在 120% 以上的水平。

透过历史视角进行分析,我们揭示出的最鲜明特点是:相对于其他国家而言,美国采取的对华反倾销措施十分严酷,并且随着时间的推移,这种严酷性越来越强。

A4.4 小结

本附录聚焦于中国入世之后的最新发展形势,发现在考察期内,美国反倾销呈现出"总体上减少,对中国激增;总体上分散,对中国集中"的局面,这反映出美国试图通过反倾销对中国出口产品进行打压的目的,而这样集中、严酷地对一个特定目标国采取反倾销措施,在美国的反倾销历史上绝无仅有。为了从源头上遏制美国对华反倾销,谋求向其他国家和地区扩展市场是有效的措施,因为对一个特定市场的出口过于集中,即使并未存在倾销等不公平贸易行为,也会招致进口国相关厂商的不满,从而招致贸易限制措施的打击。另外,友好的对话和磋商也可以缓和中美经贸关系,为削减贸易壁垒提供帮助。

中国入世之后,美国对华反倾销的行业分布十分集中,化工业、钢铁业和机电业商品是被申诉的主要目标,涉及这些行业的案件占案件总数的比例接近75%,针对这三个行业的反倾销案件数、裁定损害状况和被征税率情况存在着较大的差异。纺织业由于已经受到其他贸易政策的严厉限制,遭受反倾销数量较少,这意味着美国用来进行贸易限制的政策工具较多,而且各种政策工具的针对性较强,工具之间的替代性也较强,中国各界,特别是各个行业协会,要深入地探究美国限制贸易的政策工具的使用背景、使用特点、运行方式和政策结果,从而为更好地应对贸易限制、促进出口增长提供保障。

将本章的考察期同其他时期的反倾销状况进行比较,我们发现美国使用反倾销措施对中国商品进行打击的力度越来越大,呈现出明显的"税率升级"的特征。美国ITA动辄对中国商品裁定出200%甚至300%以上的倾销幅度,很难令人相信裁定结果的可信性,因为如果这样的倾销幅度是真实的,按照正常的利润率估计,那么这些中国商品在美国市场上将是赔本销售。所以我们可以推断,ITA裁定倾销幅度时,不仅考虑了相关经济因素,而且考虑了申诉者势力、行业对社会稳定的影响等政治因素。既然利益集团(行业、厂商或劳工组织)在反倾销裁定过程中的作用十分显著,我国相关部门应该对此加以利用,使利益集团的游说活动朝着有利于中国的方向发展。

美国对华贸易政策的决策机制和形成因素

探究美国对华反倾销具有高度严酷性和歧视性的原因,综合分析关税升级背后的政治和经济因素,并且考察这些特征给中国出口带来的影响,更有针对性地探求应对措施,是我们未来研究的重要方向。

附录五　美国对华反倾销裁定因素的另一种测度
——基于"保护待售"模型的经验分析

第六章的经验分析证明了申诉者政治势力是美国对华反倾销裁定过程中最重要的影响因素,而各种经济因素未能对裁决结果产生显著影响。第六章的检验是根据作者建立的理论框架,纳入各个变量进行的,由于 Grossman 和 Helpman (1994) 的"保护待售"模型在分析内生保护中具有十分重要的地位,而且适合用于分析不同案件中反倾销税率差异的形成因素,本附录将紧扣理论模型,考察美国对华反倾销税率的形成受哪些因素的影响。

A5.1　"保护待售"模型及其经验检验

"保护待售"模型建立在小国开放经济假设之上,国家内部每个人的偏好相同,但要素禀赋不同。每个人都消费 $n+1$ 种产品,包括一种计价物产品(第 0 种产品)和 n 种非计价物产品。

在供给方面,第 0 种产品的生产只需要劳动投入,且投入产出系数为 1,则在竞争均衡中工资率也为 1。每一种非计价物产品的生产不仅需要劳动,还需要一种特定要素的投入。

在贸易政策方面,政府只能使用贸易税和补贴来干预贸易,政府的干预,使得国内价格和世界价格发生偏离。进口税或出口补贴导致国内价格高于世界价格,而出口税或进口补贴会使国内价格低于世界价格。

特定要素的所有者,基于其共同利益,可能会组成利益集团进行政治活动,要求政府对使用他们所拥有的特定要素的行业提供关税保护或补贴支持,组成利益集团的行业集合记为 L(L 是外生的),L 中的行业动用政治捐资来游说政府,影响其决策。

利益集团同政府之间形成两阶段非合作博弈。首先,利益集团之间在"捐资表"上达成关于政治捐资的纳什均衡;然后,政府在给定的政治捐资水平上再决定最优的价格(也即贸易政策)均衡。其中利益集团的决策依据是该集团(行业)的福利最大化,政府的决策依据是使政府目标函数最大化。均衡的贸易政策形式如下:

$$\frac{t_i^0}{1+t_i^0} = \frac{I_i - \alpha_L}{a + \alpha_L}\left(\frac{z_i^0}{e_i^0}\right), \quad i = 1, 2 \cdots n \tag{1}$$

上标 0 表示各变量在均衡时的取值。t_i^0 表示达到均衡时对行业 i 的产品施加的从价关税或补贴;I_i 为虚拟变量,当行业 i 能有效地组成利益集团时,其值为 1,否则其值取 0;α_L 为组成利益集团的人口占全部人口的比例;a 为政府对全社会福利赋予的权重,即相对于利益集团的政治捐资,政府对全社会福利的相对重视程度;z_i 表示本国产量对进口产量的比率(负值表示本国产量对出口产量的比率);e_i 为进口需求或出口供给的弹性。

由(1)式可见,"保护待售"模型所刻画的政府与利益集团相互作用而最终所决定的贸易政策具有如下性质:在结构参数一定的前提下,一国对各行业的保护水平取决于不同行业的进口弹性、进口渗透率(的倒数),以及是否能有效地组成利益集团。首先,能否组成利益集团对于一行业所能得到的保护具有重要的影响。如果行业 i 是进口竞争行业并且组成了利益集团($I_i = 1$),则该行业可以用政治捐资"买"到政府"出售"的保护,即获得保护性进口税($t_i > 0$);如果行业 i 是进口竞争行业却未能组成利益集团($I_i = 0$),则该行业不得不接受进口补贴的现实($t_i < 0$)。另一方面,若行业 i 为出口行业并且有组织,它就能"买"到出口补贴($t_i > 0$);但如果它未能组织起来,就会被课征出口税($t_i < 0$)。其次,对于进口竞争行业来说,z_i 为进口渗透率的倒数,它对保护结构的影响是不确定的。对于能有效组成利益集团的行业,进口渗透率越低,贸易保护水平越高,对

于未能有效组成利益集团的行业,进口渗透率越低,贸易保护水平越低。最后,一个进口竞争行业所获得的贸易保护水平与该行业的进口需求弹性成反比。另外,从结构参数来看,a 越大,说明政府越关注全社会的福利,则政府给予的保护水平越低;α_L 越大,意味着利益集团的人口比例越大,则政府也倾向于实行自由化的贸易政策,给予的保护水平也就越低。

从本质上讲,"保护待售"模型是公共代理模型在贸易政策上的具体应用。不同行业的利益集团作为"委托人"对它们唯一的"代理人",即政府施加影响以寻求有利于自己的政策;政府在政治支持最大化的目标下,将不同的贸易政策(关税率和补贴率)进行"菜单拍卖",从而换取政治捐资。这就是该模型被称为"保护待售"模型的原因。

对(1)式稍作变化,可得到如下形式:

$$\frac{t_i^0}{1+t_i^0} = -\frac{\alpha_L}{a+\alpha_L}\left(\frac{z_i^0}{e_i^0}\right) + \frac{1}{a+\alpha_L}\left(I_i \times \frac{z_i^0}{e_i^0}\right), \quad i = 1,2\cdots n \tag{2}$$

显然,(2)式可以直接被用来进行经验检验,并且式中的结构参数 a 和 α_L 可以被估计出来。正因为"保护待售"模型具有这样的性质,众多学者对其进行了经验检验,而检验的结果大都支持了模型的基本结论。

A5.2 计量方法与数据

我们的经验检验以(2)式为基础。这里,t_i 为每起案件的反倾销税率;I_i 为虚拟变量,如果案件的申诉者在政治上有组织,其值为 1,否则其值取 0;z_i 为案件申诉者所属行业的本国产量同进口产量的比率,即进口渗透率的倒数;e_i 为申诉者所属行业的进口需求弹性。以"保护待售"模型为框架分析美国对华反倾销税率的决策因素需要注意一些问题,下面分别详述。

第一,关于进口需求弹性,Goldberg 和 Maggi(1999)指出,e_i 的估计值存在测量误差,如果挪到等号左边,将其作为被解释变量的一部分,会减小误差的影响。照此思路,我们对(2)式进行进一步改动,得到如下估计方程:

$$\frac{t_i}{1+t_i} e_i = \gamma z_i + \delta I_i z_i + \varepsilon_i \tag{3}$$

其中 $\gamma = \frac{-\alpha_L}{a+\alpha_L}$, $\delta = \frac{1}{a+\alpha_L}$, ε_i 为误差项。根据"保护待售"模型,应该有 $\gamma < 0, \delta > 0, \gamma + \delta > 0$,并且显著。

第二,由于本附录考察的对象为美国对华反倾销税,涉及样本选择问题。第六章第二节指出,只有 ITA 和 ITC 两个机构都做出确认的裁定时,反倾销税才最终被征收,因此在估计(3)式时,只能使用那些最终被征税的案件。事实上,最终未被征税的案件大都是因为 ITC 对是否构成损害做出了否定的裁决,所以在考察反倾销税率的决策和形成因素之前,还要考察 ITC 裁定结果的影响因素。我们首先估计如下样本选择方程:

$$\text{Injury}_i = \kappa + KV'_i + \varepsilon_i \tag{4}$$

其中 Injury 表示 ITC 对案件进行损害裁定的结果,确认取 1,否决取 0。V' 为可能对裁定结果构成影响的向量,其中不仅包括申诉者所属行业的经济特征,如行业集中度、就业人数、生产性工人比例、代表特定行业的虚拟变量等,还包括与中国有关的各个变量,如案件是否专对中国产品发起、案件发生当年美国对华贸易逆差占全部贸易逆差的比重等。κ 为常数,K 为系数矩阵,φ_i 为误差项。

用 Probit 方法对(4)式进行估计后,取其残差,可得反米尔斯比率 M_i,它是使用当前参数值计算的残差的条件密度函数,即标准正态概率分布函数与标准正态累积密度函数之比。将 M_i 加入(3)式中,得到如下待估计的方程:

$$\frac{t_i}{1+t_i} e_i = \gamma z_i + \delta I_i z_i + \beta M_i + \varepsilon_i \tag{5}$$

(5)式即为本文的核心计量方程。

第三,在对"保护待售"模型进行经验检验时,一个十分重要的问题就是如何确定虚拟变量 I 的取值。根据 Grossman 和 Helpman(1994),只要一行业对政府提供的捐资额为正,就认为该行业在政治上有组织。但是,利益集团的政治捐资不一定全部用来影响贸易政策的制定。特别地,在本附录中,我们考察反倾销税率的决策和形成因素,就不能认为申诉者的捐资全部用来影响反倾销税的裁

美国对华贸易政策的决策机制和形成因素

定结果。因此,我们需要采用一定的方法"筛选"出政治上有组织的申诉者。

Goldberg 和 Maggi(1999)开创了"门槛水平"方法。他们使用了 PAC 的捐资数据,如果捐资水平低于某个"门槛",则将 I 值设定为 0;如果捐资水平超过了"门槛"水平,则令 I 值等于 1。在整理数据时,我们发现,在全部申诉者中,捐资数额在 1 万美元以下的约占 30%,在 1 万美元以上的约占 70%。根据以往文献的经验,我们认为政治上有组织的申诉者占全部申诉者的 70% 是比较合理的,因此我们以 1 万美元为"门槛水平",捐资额在此之上的申诉者被认为在政治上有组织,其 I 值为 1,否则 I 值为 0。

由于 I 值是构造出来的,为了检验估计结果的稳定性,我们还使用捐资额与行业附加值之比作为门槛,进行敏感性检验。如果申诉者的捐资额与其所属行业的附加值之比大于 1,我们定义这样的申诉者在政治上有组织。

第四,对于反倾销税率来说,(5)式右端的两个解释变量 z_i 和 $I_i z_i$ 都具有内生性。首先,Trefler(1993)指出,一行业的保护水平对其进口渗透率有重要的影响作用,因此必须将 z_i 视为内生变量。其次,根据"保护待售"模型,反映行业能否组成利益集团的变量 I 是外生给定的,但用"门槛"方法确定 I 的取值时,要依据捐资的数据,而捐资在 PFS 模型中是内生的,所以在进行经验检验时,必须将 I 视为内生。

因此,对于(5)式,我们不能采用单方程估计方法,而要同时选择适当的工具变量对 z_i 和 $I_i z_i$ 进行估计,其估计方程如下:

$$z_i = AX'_i + \varepsilon_z \tag{6}$$

$$I_i z_i = BY'_i + \varepsilon_I \tag{7}$$

其中,A 和 B 为系数矩阵,ε_z 和 ε_I 为残差项。X' 为影响进口渗透率的向量,Y' 为影响 $I_i z_i$ 的向量。在选取 X' 和 Y' 当中的变量时,我们借鉴了贸易政策政治经济学的以往文献中所用的变量,包括 z_i 和 $I_i z_i$ 的滞后项、行业内前四位厂商产值占全行业比重(CR4)、行业的 Herfindahl 指数、生产性工人比例、就业人数、工会人口比例、人均附加值等。我们用广义矩法(GMM)对(5)、(6)、(7)式进行联合估计,重点考察的是系数 γ、δ、$\gamma + \delta$ 的符号和显著性,以及由此求出的 a 和 α_L

的范围是否具有经济意义上的合理性。

样本选择方程中的被解释变量为 Injury,该变量为 0-1 变量。核心计量方程(5)式中的被解释变量是 ITA 对已经确认损害的案件所裁定的倾销幅度,即反倾销税的税率。一方面,"保护待售"模型中出现的是 $t_i/(1+t_i)$ 的形式,另一方面,不同的美国对华反倾销案件所征税率相差很大,将税率标准化可以把被解释变量的范围控制在 0 和 1 之间,从而减小其方差,同时这种单调变换还保持了税率本身的变化趋势,因此我们的计量模型中也采用了标准化的反倾销税率。为了减少估计误差的影响,进口需求弹性移到方程左边,成为被解释变量的一部分。由于进口需求弹性计算难度很大,我们引用了已有的结果,使用的是 Gallaway,McDaniel 和 Rivera(2003)计算的 Armington 弹性,其含义为进口产品与本国产品之间,对于二者相对价格变化的替代程度。

在构造虚拟变量 I 时,我们使用了反倾销案件的申诉者为国会议员提供的捐资数额,而进口渗透率的倒数 z 使用的是行业数据。向量 V'、X'、Y' 中包含一系列反映申诉者所在行业政治经济特征的变量,包括描述反倾销案件是否专对中国提出的虚拟变量为 China,表示钢铁行业、化工行业和机电行业的虚拟变量,美国各年度的贸易赤字、就业人数,描述行业集中度的 CR4 和 Herfindahl 指数,工会人口比,人均附加值,以及从事生产性工作的工人比例。

本附录中使用的数据与第六章中的数据大体相同,上述变量的含义及统计描述详见表 6.2。

A5.3 经验检验结果

用 Probit 方法对(4)式进行估计,结果列于表 A5.1 之中。本附录的目的是在"保护待售"模型的框架下考察申诉者的政治势力对反倾销税率的影响作用,而(4)式在"保护待售"模型的框架之外,因此我们对(4)式的估计结果并不感兴趣,估计(4)式的唯一目的在于取估计方程的残差,得到反米尔斯比率。

美国对华贸易政策的决策机制和形成因素

表 A5.1 样本选择方程的估计结果

变量	估计系数	z 统计量
κ	-1.85	-1.04
China	0.77**	2.50
Balance	-0.42	-0.25
Employment	-0.01	-1.24
CR4	0.05*	1.76
Herfindahl	-0.001	-1.26
Union Rate	1.46	0.94
PerVadd	1.85E-05	0.55
Production	0.99	0.45
Steel	0.64	1.34
Chemical	0.44	0.72
Machine	-0.55	-1.03
样本数:116		估计方法:Probit
对数似然比: -58.39		预测正确率:75.89%

* 表示估计的系数在10%的水平上显著;
** 表示估计的系数在5%的水平上显著;
*** 表示估计的系数在1%的水平上显著。
下表同。

但观察表 A5.1,有两个系数显著。虚拟变量 China 显著为正表明,在美国对华反倾销案件中,如果一个案件是专对中国的商品发起的,那么 ITC 倾向于做出构成损害的裁定。CR4 显著为正意味着,申诉者所属行业的集中度对 ITC 裁定是否构成损害的结果有着较为重要的影响作用,申诉者所属行业的集中度越高,越能对裁定机构施加一定的压力,从而使裁定结果对其有利。

以往文献在处理解释变量的内生性时,往往使用两阶段最小二乘法(2SLS),先用工具变量对存在内生性的解释变量进行回归,然后再用内生解释变量的拟合值对被解释变量进行回归。但是,如 Gawande 和 Hoekman (2006) 指出,即使工具变量通过了外生性检验,它们可能会同内生的解释变量间存在较"弱"的相关关系。如果"弱相关"问题存在,则使用 2SLS 进行估计无法保证估计结果的无偏性。而使用联立方程的方法进行估计,可以有效地解决"弱相关"问题。我们用 GMM 方法对(5)、(6)、(7)式进行联合估计,结果列于表 A5.2 和表 A5.3 当中。

表 A5.2 列出了对两个内生的解释变量 z_i 和 $I_i z_i$ 的估计结果。对 z_i 进行估计时,有两个变量显著为正,一是其本身的滞后项,二是 z 的滞后项与虚拟变量 I 的滞后项的乘积,这说明美国各行业的进口渗透率在短期内不会发生过大的变化,而是保持在一个稳定的水平上。对 $I_i z_i$ 进行估计时,其本身的滞后项显著为

表 A5.2 对 z_i 和 $I_i z_i$ 的估计结果

对(6)式的估计结果		
变量	估计系数	t 统计量
$z(-1)$	0.50***	74.97
$I(-1)z(-1)$	0.33***	6.54
Employment	0.01	0.97
CR4	-0.04	-0.58
Herfindahl	0.001	0.35
Union Rate	-2.92	-0.66
PerVadd	-0.002	-0.52
Production	3.36	1.60
样本数:76	调整的 R^2:0.887	
对(7)式的估计结果		
变量	估计系数	t 统计量
$z(-1)$	0.001	0.21
$I(-1)z(-1)$	0.83***	18.62
Employment	-0.03*	1.68
CR4	0.15	1.27
Herfindahl	-0.004	-1.20
Union Rate	1.97	0.37
PerVadd	0.004	0.77
Production	-3.08	-1.02
样本数:76	调整的 R^2:0.790	

正,这说明那些在政治上有组织的申诉者所属的行业的进口渗透率也在短期内保持在稳定的水平上。两个估计方程的 R^2 较高,说明我们选择的这些外生变量对两个存在内生性的解释变量有较强的解释能力。

我们最为关注的是(5)式,即税率方程的估计结果,因为这是基于"保护待售"模型的估计方程,而且其被解释变量正是本文要考察的美国对华反倾销税率。

如表 A5.3 所示,z 的系数 γ 显著为负,Iz 的系数 δ 显著为正,且 $\gamma + \delta > 0$。$\gamma < 0$ 意味着,对于那些在政治上无组织的申诉者,其所属行业的进口渗透率越高,其获得的反倾销保护水平越高;$\gamma + \delta > 0$ 意味着,对于那些在政治上有组织的申诉者,其所属行业的进口渗透率越低,其获得的反倾销保护水平越高;$\delta > 0$ 意味着,在其他条件不变的情况下,政治上有组织的申诉者能获得更高水平的反倾销保护。这说明,申诉者的政治组织状况的确对反倾销税率的裁定结果产生了影响:反倾销这种保护措施被相关的决策部门出售给了政治势力强的申诉者——这就验证了"保护待售"模型的核心结论。

表 A5.3 税率方程的估计结果

变量	估计系数	t 统计量
z	-0.0027^{***}	-2.73
Iz	0.0048^{***}	3.42
M	1.3527^{***}	9.43
$\gamma + \delta$	0.0020	
α_L	0.5742	
a	207.76	
样本数:76	调整的 R^2:0.459	

$\gamma + \delta$ 的估计值为 0.002,为了考察 $\gamma + \delta > 0$ 的结果是否显著,我们进行了 Wald 检验。设定原假设为 $\gamma + \delta = 0$,得到的概率值为 0.067,这意味着在 10% 的水平上拒绝了原假设,所以 Wald 检验的结果证实了 $\gamma + \delta$ 显著为正。

我们估计出的 α_L 为 0.5742,即政治上有组织的申诉者占全部申诉者的比例为 57%,而我们在设定 I 值时,有 71% 的申诉者被划分为有组织的,二者之间存在一定差异。估计出的 a 值为 207.76,这意味着美国政府对全社会福利的重视程度要远远超过其对利益集团捐资的重视程度。尽管这样的结果在现实中并不可信,但其取值范围与以往文献中估计结果的取值范围一致:Goldberg 和 Maggi(1999)估计出的 a 值接近 100,而 Gawande 和 Bandyopadhyay(2000)的估计值超过了 1000。

调整的 R^2 达到了 0.46,说明方程的拟合程度较好。因此,我们以美国对华反倾销税率为被解释变量,证实了"保护待售"模型的核心结论。

为了检验虚拟变量 I 的构造方法是否会对估计结果产生影响,我们重新设定了"门槛"水平来构造 I 值。这里,我们用申诉者对国会议员的政治捐资除以申诉者所属行业的附加值,如果比值大于 1,我们认为申诉者在政治上有组织,如果比值小于 1,我们认为其在政治上无组织。用两种方法构造的 I 值的统计指标列于表 A5.4 之中。

表 A5.4　虚拟变量 I 的构造

门槛设定方法	I				$I(-1)$			
	$I=1$	$I=0$	均值	标准差	$I(-1)=1$	$I(-1)=0$	均值	标准差
捐资额≥1 万美元	53	21	0.716	0.454	55	19	0.743	0.440
捐资额/附加值≥1	60	14	0.838	0.371	60	14	0.838	0.371

资料来源:作者搜集整理。

如表 A5.5 所示,更换了 I 值的构造方法之后,z_i 和 $I_i z_i$ 的估计结果没有发生明显的变化,仍然表明,美国各行业,无论其是否在政治上有组织,进口渗透率在短期内都不会发生过大的变化,而是保持稳定。

表 A5.5　对 z_i 和 $I_i z_i$ 的估计结果

对(6)式的估计结果		
变量	估计系数	t 统计量
$z(-1)$	0.76***	3.07
$I(-1)z(-1)$	-0.07	-0.34
Employment	-0.01	-0.40
CR4	0.17*	1.92
Herfindahl	-0.003*	-1.74

(续表)

对(6)式的估计结果		
变量	估计系数	t 统计量
Union Rate	9.11	1.20
PerVadd	-0.004	-0.87
Production	-4.84	-1.16
样本数:76	整的 R^2:0.814	

对(7)式的估计结果		
变量	估计系数	t 统计量
$z(-1)$	-0.18	-0.48
$I(-1)z(-1)$	0.87**	2.51
Employment	-0.01	-0.40
CR4	0.15	1.27
Herfindahl	-0.003	-0.86
Union Rate	9.38	1.17
PerVadd	-0.004	-0.70
Production	-4.69	-0.92
样本数:76	调整的 R^2:0.796	

表 A5.6 显示了更换 I 值的构造方法之后的税率方程估计结果。其结果仍然是 $\gamma<0,\delta>0$,并且都显著,同时有 $\gamma+\delta>0$——这仍然验证了美国对华反倾销税是"待售"的。

表 A5.6 税率方程的估计结果

变量	估计系数	t 统计量
z	-0.0437*	-1.88
Iz	0.0440*	1.90
M	1.4420***	7.16
$\gamma+\delta$	0.0002	
α_L	0.9942	
a	1.28	
样本数:76	调整的 R^2:0.768	

随后我们进行了 Wald 检验,来考察 $\gamma+\delta>0$ 的结果是否显著。得到的概率值达到了 0.88,显然接受了 $\gamma+\delta=0$ 的原假设。不过,我们已经得到了 $\gamma<0,\delta>0$,并且都显著的结果,还是同样验证了"保护待售"模型的基本结论。

α_L 的估计值为 99%,而在设定时,政治上有组织的比例为 84%,二者之间仍然存在一定偏差。这里有一个十分引人注目的结果,就是 a 的估计值仅为 1.28。前文提及的对"保护待售"模型进行检验的所有文献,得到的 a 的估计值都很大,小则数十,大则上千,这就意味着美国政府是一个完全的福利最大化者,如果这样的结论可信,那么贸易保护就不是"待售"的。很多学者对此感到疑惑,并专门探讨 a 的估计问题,如 Mitra,Thomakos 和 Ulubasoglu (2006),以及 Imai,Katayama 和 Krishna(2006),但学者们始终未能对 a 值估计过大的原因达成一致意见,更未能真正解决这个问题。本附录在敏感性检验中,得到了很小的 a 值,如果这个结果可信,那就说明美国政府对利益集团的捐资和全社会福利的重视程度几乎相等。

A5.4 结论

利用捐资的绝对数额设置"门槛",我们构造出虚拟变量 I,连同其他数据一起,在"保护待售"模型的框架下,对影响美国对华反倾销税率决策的因素进行了检验,检验的结果支持了"保护待售"模型的核心结论,从而证明了美国对华反倾销税是"待售"的。

作为敏感性检验,我们使用捐资额同行业附加值之比来设定"门槛",重新构造 I 值,而检验结果依然支持了"保护待售"模型的结论。特别地,在此求出的结构参数 a 的取值范围与人们的直觉更加相符。

对比两组检验,可以发现一些问题。尽管主要的估计参数都与预期符号相符,并且显著,但显著性存在差异,敏感性检验中的估计参数都在 10% 的水平上显著,而且 $\gamma+\delta>0$ 的结果不显著。γ 和 δ 的取值范围在两组检验中也存在较大的差异。事实上,它们的取值范围对结构参数 a 和 α_L 的估计结果具有重要的影响作用,因为显然,$\alpha_L=-\dfrac{\gamma}{\delta}$,而 $a=\dfrac{1}{\delta}-\alpha_L$,所以当 δ 的估计值较大时,求出的

美国对华贸易政策的决策机制和形成因素

a 值较小。在我们的敏感性检验中，δ 的估计值达到了 0.044，是原始检验中估计的 δ 值的 10 倍，使得估计出的 a 值较小。我们无法确知两组检验中估计出的系数值相差甚远的原因，也就无法判定哪组估计值更合理，因而本文也未能解决"保护待售"模型的经验检验中长期存在的 a 值过大的问题。

本附录以反倾销税率为被解释变量，验证了"保护待售"模型的正确性，并且证明了美国对华反倾销税的确是"待售"的，从而对权力委派下美国对华贸易政策的决策和形成因素进行了进一步的考察。

后　　记

　　本书是我在博士论文的基础上修订完成的,主要反映了我在读书期间的研究成果。我取得的每一点进步,除了自身的努力之外,还离不开很多人的热情关怀与帮助,在此,我要对给予我力量的人们表达感激之情。

　　首先要感谢我的家人。父母不仅给予我生命,而且给予我一个温暖的家,让我有信心和动力完成学习任务。他们都是最普通的工人,用勤劳的双手和伟大的爱心将我培养成为经济学教师,他们给予我的温暖和力量是支撑着我克服各种困难、在求学路上一步一步前进的不竭动力。孝敬老人是中华民族美德,我的父母含辛茹苦、倍加艰辛,更让我心中的感恩之情层层涌起,鞭策我时时处处不忘孝敬父母。我的妻子张林霞也是我刻苦学习的精神动力,她兰心蕙质、温婉贤淑,给予我生活上的支持和学术上的鼓励,单方面地为我付出、不求任何索取,让我体会到生活的希望和家的温馨。这些年一直忙于学业,未能很好地照顾妻子,今后我将加倍地补偿。成家之后,同岳父母之间的感情进一步加深,在这里也要感谢他们,感谢他们赐予我一个好妻子,也感谢他们在诸多事情上给予我最大限度的宽容和理解。

　　优秀的导师犹如一盏明灯,能照亮学生前进的每一步,我便深深地受益于南开大学的李坤望教授的言传身教,从一个对经济学一无所知的顽童步入经济学的神圣殿堂,并能用规范的经济学方法表述自己的观点。李老师是国内顶尖学者,当年出于对李老师的崇拜,我投入他的门下,五年间得以感受到大师的风采,并得到大师的悉心指点,使我在学习理念和方法论上都获得提高。虽然求学生涯早已结束,但在我心里,坤望教授永远是照亮我前进的指路明灯,是我科研道路上前进的巨大动力。

　　南开大学经济学院是一个人才济济、奋发向上的优秀集体,我为在那里的九年求学生涯而感到无比骄傲。薛敬孝教授、佟家栋教授、高乐咏教授、黄兆基教

美国对华贸易政策的决策机制和形成因素

授、李长英教授、赵红梅副教授、魏占玲副书记,他们不仅是我学习的榜样,并且曾在我读书的不同阶段给予我各种形式的帮助与支持,使我得以顺利完成学业,他们将始终是我心中感恩的对象。

特别感谢山东财经大学谢申祥副教授,三年间我们在学术上一起探讨、互励共勉,让我体会到人与人之间的真诚与温暖。同门的师兄师姐及同学们也在我的成长过程中发挥了重大作用,大家在李老师主持的课堂上互相学习、共同提高,思想的火花时常迸发,让我深切地感受到科研团队带给自己的力量!黄玖立副教授、王立军老师、施炳展老师、李慕涵老师、孙炜博士、卢珊老师、王永进老师、李强博士,都为我论文的完成提出过建设性意见,为我提供科研的思想源泉,在此对他们表达深深的谢意!

来到中国人民大学经济学院工作,使我得以同许多经济学前辈,甚至自己心目中的偶像成为同事,这是一件非常激动人心的事情。刘元春教授在生活和工作中给予我极大的帮助,为我在中国人民大学工作创造了各种便利条件,这不仅让我非常感激,而且是我今后踏实努力地为中国人民大学经济学院做出贡献的精神动力!杜厚文教授的关怀备至、杨瑞龙院长的提携勉励、郭洪林处长的无私援助,还有雷达教授、关雪凌教授等前辈的热情支持,以及同一办公室同志们的亲切互勉,都使我对中国人民大学经济学院有一种认同感,让我满怀信心地迎接每一次挑战。

非常感谢北京大学出版社的朱启兵老师和马霄老师,他们的热情帮助才使本书得以出版,才能使我的观点以书籍的形式传播。我导师的导师薛敬孝先生,我的导师李坤望教授和我的领导刘元春教授还欣然为本书作序,为本书增添了别样的光彩。

我成长的每一步都得到了很多人的关爱,任何话语也无法言尽对他们的感激之情。今后唯有不懈努力、取得更多有分量的科研成果,精益求精、力争为中国经济学的前进作出贡献,才能真正报答家人、报答师长、报答每一个给予我帮助的人。

王孝松
2011 年 12 月于中国人民大学